Q＆Aと事例でわかる
障害のある子・
引きこもりの子の
将来の
お金と生活

「親なきあと」相談室主宰　**渡部 伸 著**

自由国民社

はじめに

みなさんは、いま日本に、いわゆる「障害者」がどのくらいいると思われますか？
内閣府による調査では、身体障害者は400万人超、知的障害者は100万人超、精神障害者は600万人超となっています。（＊）
実際にはひとりで複数の障害がある方もいますので、一概には言えませんが、単純計算すると国民の約9・3％は何らかの障害を有していることになります。このうち「親なきあと」の課題を抱えるのは主に知的障害者と精神障害者で、これは国民の約5・8％。つまり、100人に約6人が当事者ということになります。
さらに、障害者には当てはまらなくても、近年では引きこもりの子を抱える家庭問題が深刻化してきています。2022年の内閣府調査によると、全国では15歳から64歳の人のうち、推計146万人が引きこもり状態であるとのことです。

障害と引きこもりが重複している人は相当数いると思われますが、こちらも単純計算すると、知的障害者、精神障害者、引きこもりの総数は、国民全体の約7％になります。

その多くが「親なきあと」問題を避けて通れません。つまり、本当にたくさんの家庭が直面している課題なのです。

＊正確には、身体障害者436・0万人、知的障害者109・4万人、精神障害者614・8万人。内閣府『令和5年版障害者白書』より。

「親なきあと」相談室を私が開設して10年。この間、関連書籍を数冊刊行し、全国からご依頼をいただき講演会も行い、「親なきあと」の課題と対策について紹介してきました。また、メールや個別面談は毎年100件以上お受けしています。相談者は親だけでなく、きょうだいや親族、また本人という場合もあります。知的障害や精神障害のある方に加えて、引きこもりの方も増えてきました。多くの方にとって「親なきあと」が課題となっていること、相談機関のニーズがあることを日々痛感しています。

この書籍は、3つの章から成っています。第1章では、「親なきあと」についてしばしばご質問をいただくテーマについて、Q&A形式で解説します。第2章では、ご本人の年代別に取り組んでほしい対策を整理しています。第3章では、前の2章の内容を受けて、具体的な相談内容とそれについてのアドバイスをご紹介します。

そして最後に、大分県で行われている取り組みを取り上げます。「親なきあと」相談室のニーズはとても高くても、民間で行うことには限界があるように思われます。大分県では、社会福祉事業団が始めた相談室の研修に対し、県が予算をつけて、各市町村での相談対応ができるようになることを目指しています。このように、行政が最初の窓口となり親やきょうだい、本人からの相談を受けて、必要があればその分野の専門職につないでいく……そんな体制が全国にできてくれれば、という思いから、この取り組みを詳しくご紹介します。

目次

第1章

将来を支える制度と仕組みQ＆A

第2章 本人の年代別、親あるあいだの対策

第3章 具体的な「親なきあと」の相談事例とアドバイス

第1章

将来を支える制度と仕組みQ&A

障害のある子の家族にとって「親なきあと」は共通の、そして永遠の課題です。多くの親は「親なきあと」について、漠然とした不安を抱いていると思います。自分たちがいなくなったあと、子どもはどんな生活をするのだろうか？　お金は足りるのだろうか？　体調を崩したら誰がめんどうをみてくれるのか？　悪い人にだまされたりはしないだろうか……。

しかしその悩みを解決するために何をしたらいいのか、具体的にイメージしづらいのではないでしょうか。自分たちがいなくなった、あるいはめんどうをみられなくなった後のことなので、どんな準備をしたらいいのかがわからず、モヤモヤとした不安を募らせているのが多くの親たちの現状だと思います。

整理して考えてみると「親なきあと」の課題は、以下の3つに集約できます。

❶お金で困らないための準備

❷生活の場の確保

❸日常生活の支援

そして、それぞれの課題について、利用できる福祉サービスがあり、民間の金融機関などが提供している商品があり、また地域の独自の取り組みがあります。

どんな課題があるかが明快になり、それに対応する方法がいろいろあること、そして新しい制度やサービスもできつつあることを知れば、不安そのものは消えることはありませんが、自分たちがこれからやらなければいけないことが見えてきます。

ただ、これらの「親なきあと」に関わる制度や仕組みは多岐にわたります。制度の名前は聞いたことがあっても、その詳しい中身はよくわからない、という方も多いのではないかと思います。

そこで、それぞれの内容を理解しやすくするために、多くの方が疑問に思われているポイントについてQ&A形式で解説していきます。まずはこちらをお読みいただき、制度の概要や、現状を知ってください。

障害者手帳を所持していない引きこもりの場合だと、どうしても利用できる制度は限られてしまいますが、手帳がなくても使える仕組みがありますので、章の最後にまとめてご紹介します。

「親なきあと」の対策とは「親あるあいだ」の準備です。まずはどんな準備が必要なのか、それを知ることから始めましょう。

障害者手帳

Q 障害者手帳にはどんな種類がありますか？

A 身体障害者手帳、療育手帳、精神障害者保健福祉手帳の3種類です。知的障害のある人を対象としているのは療育手帳になります。手帳の種類によって、申請方法にも違いがあります。

手帳の種類による申請方法の違い

障害の種類	手帳の種類	手帳申請の手順
身体障害	身体障害者手帳	**①市区町村の障害福祉担当窓口へ相談、申請。** **②指定医に診断書を書いてもらう。** **③市区町村窓口に書類を提出。** ・交付申請書は、簡単な書類であることが多く、本人あるいは代理人(15歳未満は保護者)が記入します。 ・診断書は市区町村が指定した「指定医」に書いてもらいます。診断書については法律に定められたことなので、かかりつけ医がいても、指定医でなければ診断書を書いてもらうことはできません。
知的障害	療育手帳	**①市区町村の障害福祉担当窓口へ相談、申請。** **②指定医に診断書を書いてもらう。** **③申請者が18歳未満の場合は児童相談所へ、18歳以上の場合は知的障害者更生相談所(障害者福祉センター、障害者相談センターなど)へ出向いて判定を受ける。** ・自治体によっては、窓口に行けばその場で申請を受け付け、相談所に申請書を送付してくれるところもありますし、最初に直接相談所で判定を受け、その結果を持って障害福祉担当の窓口に申請するところもあります。
精神障害	精神障害者保健福祉手帳	**①精神科を受診する。** **②市区町村の担当窓口で、「交付申請書」と「所定の診断書用紙」を受け取る。** **③かかりつけ医に診断書を作成してもらい、担当窓口に申請。** ・診断書は初診日(対象の疾患で初めて診察を受けた日)から6カ月経過した日以降のものでなければいけません。申請には診断書の代わりに、障害基礎年金を受給している人であれば「障害基礎年金の関連書類」でも申請が可能です。 ・手帳の有効期間は2年なので、2年ごとにあらためて都道府県知事(政令指定都市の場合は市長)の認定を受けなければなりません。

Q 愛の手帳と療育手帳は同じものですか？

A 同じものです。療育手帳は地域によって呼び名が異なる場合があり、たとえば東京都は愛の手帳、青森県や名古屋市は愛護手帳という名称です。

Q 手帳の等級によって受けられるサービスに違いはありますか？

A たとえば医療費助成制度は、手帳の等級によって対象となる範囲が決まっています。これは自治体によって多少違いがあります。東京都を例にとると、身体障害者1、2級、愛の手帳1、2度、精神障害者保健福祉手帳1級が対象で、本人の所得により医療費が1割負担、もしくは負担なしになります。そのほかには、交通費の割引や税金の控除などで違いがあります。

Q 知的に遅れのない発達障害でも手帳は取れますか?

A 精神障害者保健福祉手帳の対象となる可能性があります。最初に精神科を受診してから6カ月経過していれば申請可能です。

Q 障害者手帳を取得することでどんなメリットがありますか?

A 医療費の助成や割引、控除などの経済的なメリットに加えて、働く場面での選択肢が広がるという大きなメリットがあります。障害者雇用で働くためには、手帳があることが条件となります。

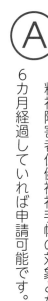

Q
逆に、デメリットはありますか？

A
基本的にはありません。周囲に手帳を持っていることを知られたくない、といった心理的な負担を感じる人はいるかもしれませんが、サービスを利用するとき以外、他人に持っていることを知られることはありませんし、普段はしまっておけば大丈夫です。

Q
障害者手帳は取ったほうがいいのでしょうか？

A
メリットが大きい制度です。取得できるのであればぜひ取っておいてください。

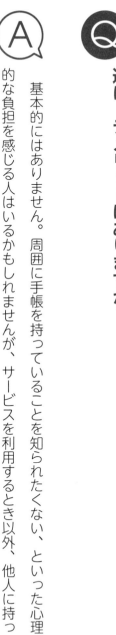

障害年金

Q 障害年金はどのような人がもらえますか？

A 障害年金を受給するには、障害の原因となった病気やけがで初めて医師の診療を受けた日の前日に公的年金の被保険者であったこと（初診日要件）、保険料の納付要件を満たしていること（保険料納付要件）、法令で定める障害の状態であること（障害状態要件）、この3要件を満たしていることが条件となります。

障害年金を受給するための要件

	障害基礎年金 （自営業者など）	障害厚生年金 （サラリーマンなど）
初診日要件	**障害の原因となった病気やけがで初めて医師の診療を受けた初診日が、次のいずれかの場合。** ・国民年金の加入期間 ・20歳前または日本国内に住んでいる60歳以上65歳未満の年金に加入していない期間	**初診日が厚生年金の加入期間であること。**
保険料納付要件	**①初診日の前々月までの間に加入期間の2/3以上の保険料を納付または免除されていること。** **②初診日が65歳未満で前々月までの1年間未納がないこと。** ※20歳前に初診日がある場合を除く	**①初診日の前々月までの間に加入期間の2/3以上の保険料を納付または免除されていること。** **②初診日が65歳未満で前々月までの1年間未納がないこと。**
障害状態要件	**障害の原因となった病気やけがによる障害の程度が、障害認定日、または20歳に達したときに障害等級の1級または2級の状態であること。**	**障害の原因となった病気やけがによる障害の程度が、障害認定日に障害等級の1級・2級・3級のいずれかの状態であること。**

Q 生まれつきの障害で保険料を支払ったことがない場合はどうなりますか？

A 保険料納付要件は満たしていませんが、その障害が年金給付の対象となると認められる場合は、20歳から障害基礎年金がもらえます（20歳前の傷病による障害基礎年金）。

Q 障害基礎年金の支給停止とは何ですか？

A 上記の20歳前の傷病による障害基礎年金には、受給者本人の所得による支給停止の規定があります。前年所得472・1万円で全額、370・4万円で半額が支給停止になります。本人の預貯金は無関係、同居している親の所得も無関係です。

この所得とは、収入から必要経費を差し引いた額なので、就労して給与を受け取っている場合の額面や手取り額とは違います。たとえば毎月の給与の額面が40万円であれば1年間の収入は40万円×12か月＝480万円。必要経費は給与所得控除額の計算式により140万円となり、これを引いた340万円が給与所得となります。この金額は半額支給停止になる所得の基準額（370・4万円）以下なので、支給制限には引っかかりません。ちなみに、遺産や保険金などの収入も対象外です。

Q 障害基礎年金の金額はいくらですか？

A 障害の程度によって異なります。常にだれかの援助がなければ日常生活を送ることができない場合は1級、日常生活に大きな支障がある場合は2級となります。2024年度の金額は1級が年額で102万円、2級は81万6000円で、この金額は毎年見直しがなされます。

障害基礎年金の金額

障害基礎年金（年額）

1級	1,020,000円 （2級の1.25倍の額）
2級	816,000円

（2024年度金額）

※20歳前の障害基礎年金には前年度所得額による制限がある

Q 年金生活者支援給付金とは何でしょうか？

A 一定の所得以内の障害基礎年金受給者に、年金と一緒に支給される給付金です。2024年度の1級の受給者は月額6638円、2級は5310円で、この金額は毎年見直しがなされます。

Q 障害厚生年金の金額はいくらですか？

A 厚生年金の加入期間（会社等に勤めている時期）に障害者になった場合、障害厚生年金を受給することができます。障害の程度によって1級、2級、3級と、一時金の障害手当金があり、働いていた期間と受け取っていた報酬によって金額は異なります。

年金生活者支援給付金制度

年金生活者支援給付金（月額）

1級	6,638円 （2級の1.25倍の額）
2級	5,310円

（2024年度金額）

Q 年金の判定はどこで決められるのでしょうか？

A 障害基礎年金、障害厚生年金の審査決定は、東京にある日本年金機構障害年金センターで行われています。

Q 判定結果に納得できない場合はどうすればいいですか？

A 年金の決定に不服がある場合、3か月以内に地方厚生局の社会保険審査官に審査請求ができます。さらにその決定に不服がある場合は、厚生労働省の社会保険審査官に再審査請求ができます。この決定にも不服がある場合、裁判所に提訴することができます。

こういった手続きを親など家族だけで行うのは負担が大きいので、障害年金を専門に扱っている社会保険労務士に相談するという方法もあります。

Q 生まれつきの知的障害で、年金を申請する際に準備することはありますか？

A

年金の判定の際に重視されるのは医師の診断書です。知的障害と精神障害の場合の診断書は、精神科および精神・神経障害の診断または治療に従事している医師が書く必要があるので、申請前に主治医を見つけて定期的に受診しておくようにしてください。

また、もう一つ重視される書類として、「病歴・就労状況等申立書」があります。これは、発病から初めて病院で診療を受けるまでの経緯、その後の病院の受診状況および日常生活や就労状況などについて記入する書類です。申請時に一から書こうとしても思い出すのがなかなか大変なので、ノートなどにその都度記録しておくことをお勧めします。

Q 生活保護費と障害年金は両方もらえるのでしょうか?

A

障害年金を受給した場合、その金額は生活保護費から差し引かれることになります。つまり、障害年金を受給していても、受け取れる総額は生活保護費と同じです。

ただし、生活保護費は資産や収入によって減額されることがありますが、障害年金は20歳前の傷病による障害基礎年金の支給停止に当てはまらない限り、収入による減額はありません。生活基盤を整える意味で、障害年金を受給することは大切です。

就労について

Q

障害者の働き方にはどのようなものがありますか？

A

　大きくは一般雇用と障害者雇用に分けられます。一般雇用は、障害の有無にかかわらず求人に応募して、採用になればその企業で働くことになります。障害者雇用は、障害者手帳を持っている人のみが対象になります。

Q 障害者雇用は一般雇用とどこが違いますか？

A 一人ひとりの特性に合わせて仕事ができるように、一般雇用とは別枠で企業などが障害のある人を雇用しています。障害があることをオープンにして働くことになるので、障害の状態や特性、得意なことや苦手なことを周囲にも理解してもらい、仕事内容や体調などの配慮が受けやすくなり、安定して仕事に取り組むことができます。

Q 法定雇用率とは何ですか？

A 民間企業や自治体などに対して、障害者を雇用しなければならないと定められた障害者の割合です。この場合の障害者とは、3種類の障害者手帳（12ページ）の所持者です。2024年度の民間企業の法定雇用率は2・5％で、従業員が40人以上の企業であれば最低

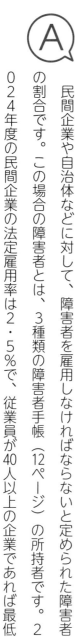

1人、従業員500人であれば20人以上は障害者を雇用する義務があります。これが達成できない場合は納付金が徴収され、義務とされる人数以上に雇用している企業には調整金または報奨金が支給されます。なおこの法定雇用率は、2026年7月から2・7%に引き上げの予定です。

Q 特例子会社とは何ですか?

A 障害のある人の雇用を進めるために、民間企業が設立した子会社です。この子会社で障害のある人を雇用すれば、親会社の従業員数と合わせることにより、法定雇用率をクリアすることができます。障害のある人

障害者雇用促進法改正による法定雇用率の推移

	2024年 3月末まで	2024年 4月以降	2026年 7月以降
法定雇用率	2.3%	2.5%	2.7%
適用となる民間企業の従業員数	43.5人以上	40人以上	37.5人以上

が多く働いていますので、職場環境や仕事内容、能力向上のための支援など、さまざまな配慮が期待できます。

Q 福祉型就労とは何ですか?

A

一般企業や特例子会社での就労が難しい場合に、就労継続支援というサービスを利用して働く方法です。このサービスにはA型とB型の2種類があり、A型は雇用契約を結んで最低賃金を保障されて働くものです。決められた仕事をこなすだけの能力が要求されます。B型は年齢や体力、障害の状況などにより、雇用契約を結んでの仕事が難しい人が対象です。体調などに合わせて比較的自由に働くことができます。

こういった職場で経験を積んで、特例子会社など企業への就労を目指すこともできますが、A型もB型も利用期間の制限はないため、実質的な就職先となることも多いようです。

就労継続支援A型とB型の違いと現状

	就労継続支援A型	就労継続支援B型
支援内容	一般就労が難しく、雇用契約に基づく就労が可能な場合に、働きながら支援を受ける	一般就労が難しく、雇用契約に基づく就労も難しい場合に、働きながら支援を受ける
対象者	①就労移行支援を受けたが、企業などの雇用に結びつかなかった人 ②特別支援学校を卒業して就職活動を行ったが、企業などの雇用に結びつかなかった人 ③就労経験はあるが、現在、企業などに雇用されていない人	①就労経験はあるが、年齢や体力的な面で一般企業で働くことが難しくなった人 ②50歳に達している人 ③障害基礎年金1級を受給している人 ④就労移行支援事業者などの評価によって、働くことに課題があると判断された人
雇用契約	あり	なし
利用期間	制限なし	制限なし
令和4年度平均工賃(賃金)	83,551円/月	17,031円/月
施設数	4,196カ所	15,354カ所
利用者数	約7.2万人	約26.9万人

厚生労働省「障害者の就労支援対策の状況」を参考に作成

Q 賃金はどのくらいでしょうか？

A 厚生労働省の2022年の資料によりますと、A型の平均賃金は月額8万3551円、B型は1万7031円となっています。

Q 就労移行支援とは何ですか？

A 一般企業などへの就職や在宅での仕事を希望する障害者のために、就職活動を支援するサービスです。実習や訓練、求職活動の支援、就職したあと職場に定着するための支援などを受けられます。サービスの利用期間は原則2年で、自治体の審査会で必要と認められれば最大1年の更新が可能です。

Q 働くのが難しい場合、どんな活動の場がありますか？

A 就労ではない日中の活動の場としては、生活介護施設が代表的です。おもに創作活動や生産活動をする場で、職員や仲間と交流しながら過ごすことができます。

信託、共済など

Q 福祉型信託とはどのようなものですか?

A

高齢者や障害者の財産管理の仕組みです。特に障害のある人の親なきあとを支えるものとして、近年注目を集めています。たとえば親の財産を障害のある子が相続した場合、一時的に大きな金額が手に入る可能性があり、短い期間で使ってしまうというリスクが発生します。そこで、信託契約を結び、子どもに少しずつ、定期的に渡すことで、そのようなリスクを避けることができます。この契約を銀行ではなく信頼できる家族や親族と結ぶこともでき、その場合は家族信託と呼ばれることもあります。

Q
具体的な契約の事例を教えてください。

A
たとえば母親が親族の中で頼れそうな甥と信託契約を結び、財産2千万円を託します。母親が亡くなった後は、その甥が障害のある子に生活費を毎月10万円ずつ定期的に振り込む、子どもが亡くなった後も財産が残っていたら、そのお金はお世話になった社会福祉法人に寄付する、といったことをこの契約で決めることができます。

「信託した財産を定期的に子どもに渡すことができる」「子どもが亡くなったあとにまだ財産が残っていたら、そのお金の行き先を決めることができる」、障害のある人の家族が信託制度を利用するメリットは、この2点だと考えています。これらは遺言などで決めることはできません。信託でしか実現できない機能なので、障害者の家族にも関心が高まっているのだと思います。

家族信託の例

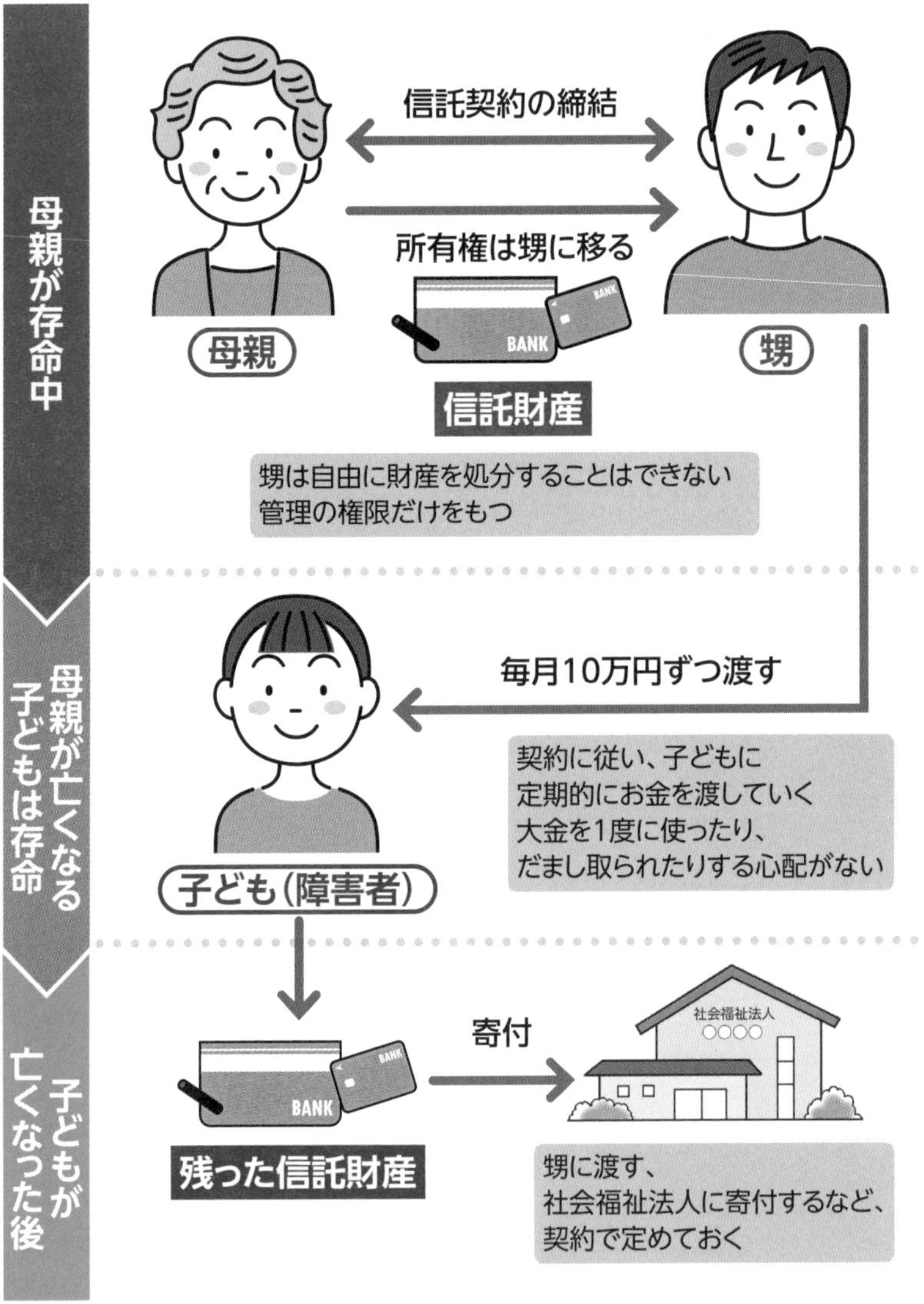

ここまでの財産の行き先を、最初に締結する信託契約で決めることができる

※家族信託の専門家はホームページなどで検索してみてください。

Q この例でいうと、甥が子どもにちゃんと振り込んでくれるかどうか、チェックする機関はあるのでしょうか？

A

信託監督人という人を契約の中で指定する方法があります。信託監督人は、甥がちゃんと子どもにお金を渡しているか、チェックする役目の人です。司法書士や税理士などの専門家が就くことが多いようで、費用もかかってきます。

しかし、そもそも信じて託したのだから、監督人が就くとなると、甥が自分は信用されていないのか、と感じてしまうかもしれません。逆に、監督する人がいたほうが、安心できるという場合もあるでしょう。契約内容を組み立てるときに、しっかり相談して決めてほしいと思います

Q 甥が子どもより先に亡くなった場合はどうなりますか？

A

この場合、親が元気な間であれば別な人を探して頼むことはできますが、親が亡くなったあとではそれもかないません。こういった可能性を想定して、予備的に次に受けてくれる人を指定しておくことができます。

Q 甥のような頼れる家族や親族がいない場合はどうすればいいですか？

A

家族や親族で頼める人がいない場合は、信託銀行などに依頼するのが現実的です。また、司法書士が中心になり、福祉型信託に特化したふくし信託（株）という会社が設立されています。こういった信託に詳しい法人に相談してみてください。

◎ふくし信託（株）　https://www.fukushitrust.com/

Q 契約書はだれに頼めば作ってもらえますか？

A 信託契約の設計ができる専門家はまだまだ限られている状況です。しかし、この仕組みをもっと広げていこうと活動している団体があります。一般社団法人家族信託普及協会、一般社団法人民事信託推進センターといった法人が、家族信託に関する研修を専門家向けに行っており、それぞれの団体のホームページには、研修を修了した専門家が紹介されています。またそれ以外にも、司法書士など専門職の法人で、積極的に信託契約に取り組んでいるところも増えているので、信託はこれから確実に身近なものになっていくのではと期待しています。

◎（一社）家族信託普及協会　https://kazokushintaku.org/

◎（一社）民事信託推進センター　https://civiltrust.com/

Q

生命保険信託とはどんなものですか？

A

通常、生命保険の死亡保険金の受取人は個人ですが、これを個人ではなく、まず信託銀行などとし、信託財産として設定。その銀行が子どもなどに、保険金を生活資金や学費として一括もしくは分割で給付してくれるものです。

2013年から存在する金融商品なのですが、当初は扱っている保険会社も限られていました。最近は参入する会社も増えてきて、選択肢も広がってきています。

信託の仕組みを利用して子どもにお金を残したいけれど、安心して財産を託せる人がいない、という場合などに有効な方法だと思います。

生命保険信託を取り扱う会社

取り扱い会社	保険会社
ジェイアイシー	第一フロンティア生命 マニュライフ生命
ソニー生命	
第一生命	
プルデンシャル生命	

Q 信託銀行の扱っている金融商品で、私たちが利用できるものはありますか？

A

遺言代用信託という金融商品があります。その仕組みですが、数百万円から3千万円程度の金額を信託銀行に預けます。そしてあらかじめ決めたタイミング、たとえば親が亡くなった際に、受取人として決めておいた子どもに定期的にお金を給付するという仕組みです。そして子どもに給付している間に子ども本人が亡くなったら、残ったお金を、あらかじめ決めておいた次の受取人に渡す、あるいは寄付する相手を決めておくということができます。

また、特定贈与信託という、障害のある人の生活を安定させるために、家族や親族などが金銭などの資産を信託銀行などに信託する商品もあります。財産を贈与した場合、通常は年間110万円を超える金額に対して贈与税がかかります。しかしこの制度を利用すると、特別障害者（重度心身障害者）の人には6千万円、それ以外の特定障害者（中軽度の知的障害者及び障害等級2級、3級の精神障害者）の人には3千万円を限度として、贈与税が非課税となります。

Q 障害者手帳を持っていない引きこもりの子のために使えるものはありますか？

A　福祉型信託は、障害のある人がいる家族のみを対象にしているものではありません。また、生命保険信託と遺言代用信託も同様で、障害のある家族がいない場合でも利用できるものです。障害者手帳は持っていないけれど、引きこもりで将来の「親なきあと」のお金について不安がある場合も、利用することができる仕組みです。

Q 信託以外に子どもに定期的にお金を渡せる仕組みはありますか？

A

障害者扶養共済制度があります。この制度は、障害者の保護者が毎月掛金を納付することで、障害者に一定額の年金を終身支給するものです。支給額は加入1口当たり月額2万円です。実施主体は各自治体ですが、全国的に統一された仕組みで運営されています。仕組みとしては民間の保険商品とほぼ同じだと思っていいでしょう。

加入者である保護者が65歳になったとき、加入期間が20年以上になったときの2つの条件を満たした場合、それ以後の掛金を納める

障害者扶養共済の掛金

年齢	掛金月額（1口当たり）
35歳未満	9,300円
35歳以上40歳未満	11,400円
40歳以上45歳未満	14,300円
45歳以上50歳未満	17,300円
50歳以上55歳未満	18,800円
55歳以上60歳未満	20,700円
60歳以上65歳未満	23,300円

※金額は2024年度。制度の見直しにより掛金が改定されることもあります。
※制度から脱退した場合は、すでに払い込んだ掛金は返還されません。
※厚生労働省「障害者扶養共済制度（しょうがい共済）案内の手引き」（平成30年2月）から作成。

必要がなくなります。そして加入者が死亡、もしくは重度障害となったときから、障害者である子どもに対して終身年金が支給されることになります。掛金は加入時の年齢によって異なりますが、現在の低金利時代における年金保険としては、けっこうお得な条件ではないかと思います。詳しい内容については、お住まいの市区町村の障害福祉課など、行政の担当窓口にお問い合わせください。

また、iDeCoを活用することもできます。個人で定期的に掛金を積み立て、運用して増やしたものを、60歳以降に国民年金や厚生年金にプラスして受け取る老後のためのものです。当初は加入できる個人に条件があったのですが、2017年から年金保険料の支払いを免除されている、障害基礎年金の受給権者も加入できるようになりました。

たとえば親と一緒に住んでいて障害年金をもらっている人は、受け取っている年金を現時点ではあまり使っていない、ということも多いようです。生活費として一定の額を本人の年金から引き出したりもするかもしれませんが、それでも本人の口座にはけっこうなお金が貯まっている、ということも少なからずあるようです。

現在の低金利時代では、お金を口座に入れておいてもほとんど利息はつきませんね。そこの使っていないお金を、金額を決めて毎月iDeCoの口座に積み立て、運用して少しでも増やそう、といったことができるようになりました。これを60歳になったら本人が年金として受け取れる、つまり将来の老後資金に回すことができます。

iDeCoの場合は本人のお金なので、あくまで本人の了解が必要です。また、途中解約は原則できません。

今は親と住んでいるのでお金はかからないという人でも、グループホームに入ると家賃などがかかるので積み立てるのが難しくなる可能性があります。その場合は、掛金の積み立てを停止して、それまでに貯まったお金を運用だけして、60歳になったら年金として受け取る、ということができます。

iDeCoのメリット・デメリット

メリット

- 掛金が全額所得控除される
- 運用による利益に税金がかからない
- 運用資産を受け取るときにも控除がある
- 手軽な金額から始められる(月額5,000円)

デメリット

- 積み立て資産は60歳になるまで引き出せない
- 口座開設と維持に手数料がかかる

遺言

Q 遺言書は書いたほうがいいですか？

A

〝争続〟はお金持ちだけの話ではありません。遺言書がないと、相続人でその人の財産をどう分けるか決めることになりますが、話し合いがつかないと家庭裁判所に調停を申し立てることになります。家庭裁判所に持ち込まれる件数の1／3は財産額が1千万円以下。決してお金持ちだけではない、どこの家庭でも起こりえる争いなのです。そんな争いを防ぐためにも、自分の考えをしっかり遺言書の形にしておいてほしいと思います。

Q 遺言書は公正証書にしたほうがいいですか？

A

遺言書の種類は自筆証書遺言と公正証書遺言が代表的なものですが、どちらも効力に差はありません。自筆証書証書は手軽に作成できますが、書いた人が亡くなった後に、相続人が家庭裁判所に集まって確認する作業（検認）が必要です。また、ルール通り書かれていないと無効になったり、紛失したりする恐れもあります。公正証書遺言は公証役場で作成するもので、検認の作業は不要となり、公証役場で預かってくれるので紛失することもありません。ただし、作成時には手間がかかり、相続財産の額や相続人の数に応じて費用もかかります。大まかに言うと、自筆証書は書く人は楽だけど相続人が大変、公正証書は書く人は大変だけど相続人は楽、といった感じになります。

Q

自筆証書の遺言を預かってくれる仕組みがあると聞きましたが、どんなものですか?

A

自分で保管していると紛失したり第三者に書き換えられたりするリスクがある自筆証書遺言ですが、2020年から特定の法務局で保管してくれる制度が始まりました。これを利用することで、紛失などを避けることができ、検認の必要もなくなるので、自筆証書遺言のデメリットをある程度軽減することができます。ただし、内容のチェックまではしてくれないので、もし遺言内容について事前に確認してほしい場合は、専門家等に相談してください。

Q 障害のある子に不動産を相続させたいのですが？

A 重度の障害者の場合、もし土地なり家屋なりを相続したとしても、自分で管理するのは厳しいと思われます。あくまで個人的な意見ですが、障害者にはできるだけ現金で財産を残してやり、親なきあとに支援者側が本人のために使いやすいようにするのが得策だと思います。

Q 遺言執行者とはどんな役割の人ですか？

A 遺言書がない場合は、法定相続人全員が財産の分配方法について合意したことを証明する遺産分割協議書が必要です。そこには相続人全員の署名と実印が必要です。

このとき相続人の中に障害者がいて、本人では署名ができない、実印がないといった状況だと、成年後見人をつけてもらう必要があります。もう後見人がついている、あるいはこの機会に後見人をつけようということでしたら、問題はありません。

しかし、まだ後見制度を利用したくないと思っていたときに相続が発生すると、意に反して成年後見人をつけなくてはいけないことになってしまいます。また、遺言書があるだけでもだめで、金融機関で口座の凍結を解除するときには、相続手続きの書類を提出しなければならず、やはり相続人全員の署名と実印が要求されるので、成年後見人が必要になります。

このような事態を避けるために、遺言書で遺言執行者を指定しておくと、成年後見人がいなくても相続手続きをすることができます。遺言執行者とは、遺言に書かれている内容を実行する権限がある人で、相続人全員が署名押印した書類がなくても、単独で金融機関でお金をおろせますし、不動産の相続登記をすることができます。

この遺言執行者は、銀行や弁護士など第三者に頼むこともできますが、相応の費用がかかるので、相続人の誰かを指定してもかまいません。必ず指定しなければいけないものではありませんが、便利な存在ではありますので、ぜひ覚えておいてください。

Q 遺言の制度は今後変わるのでしょうか？

A

現在検討されているのが、デジタル遺言制度です。デジタルで作成できるのは今のところ財産目録だけですが、電子的な方法で遺言そのものを作成、保管することを認めるかどうか、検討されています。これが実現すると、遺言書の保管がラクになる、形式不備で無効になるリスクが減る、などのメリットがあるとされています。ただ、本当に本人が書いたものか、第三者から圧力を受けて書かされたものではないかなど、不安がぬぐえません。遺言書が本人の真意に基づくものであるのを見極めるという課題もあり、慎重な議論が必要となっています。

成年後見制度

成年後見制度とはどのようなものですか？

「成年後見制度とは、知的障害・精神障害・認知症などによってひとりで決めることに不安や心配のある人が、いろいろな契約や手続をする際にお手伝いする制度です」

（厚生労働省「成年後見はやわかり」https://guardianship.mhlw.go.jp/より）

つまり判断能力に不安のある障害のある人や認知症の人のために、その人を支援する人がついてくれる仕組みです。

Q 成年後見制度の理念はどんなものですか？

A 成年後見制度には、「ノーマライゼーション」「自己決定権の尊重」「身上保護の重視」といった基本理念があり、この基本理念を守りながら本人を保護する制度となっています。

Q 後見、保佐、補助の違いは何ですか？

A 成年後見制度は、本人の判断能力に応じて、自分でできることは自分でするようになっています。申立てをするときに提出する医師の診断書などで、どれにあたるかが決められます。

「後見」は、判断能力が不十分で、日常的な買い物も自分ではできない状態の人が対象となります。そのため、財産管理や法律行為に関して、後見人が代理で行い、本人が結んだ

3つの類型の違い

<table>
<tr><th></th><th>後　見</th><th>保　佐</th><th>補　助</th></tr>
<tr><td>対象
となる人</td><td>常時判断能力の
欠けた状態の人
●たとえば、買い物に行っても釣り銭の計算ができず、必ずだれかに代わりにしてもらう必要があるような人を援助します。</td><td>判断能力が
著しく不十分な人
●たとえば、日常の買い物程度ならばひとりでできるが、不動産の売買などの重要な行為をひとりですることが難しい人を援助します。</td><td>判断能力が
不十分な人
●ほとんどのことはひとりでできるが、重要な財産に関する行為を適切に行えるかどうか不安があり、誰かに代わってやってもらったほうがよいと思われる人を援助します。</td></tr>
<tr><td>申立て
できる人</td><td colspan="3">本人、配偶者、4親等内の親族、市区町村長、検察官など</td></tr>
<tr><td>同意権
（※1）
の範囲</td><td>なし（被後見人には判断能力がないので、後見人が同意をしてもその通りの行為をできるとは限らないため）</td><td rowspan="2">借金、相続関連など民法で定められた財産に関する重要な行為</td><td rowspan="2">借金、相続関連など民法で定められた財産に関する重要な行為の中で、申立ての範囲内で裁判所が定める行為（ただし本人の同意が必要）</td></tr>
<tr><td>取消権
（※2）
の範囲</td><td>日用品の買い物など、日常生活に関する行為を除くすべての行為</td></tr>
<tr><td>代理権
（※3）
の範囲</td><td>財産に関する
すべての法律行為</td><td colspan="2">申立ての範囲内で裁判所が定める行為
（ただし本人の同意が必要）</td></tr>
</table>

※1 **同意権**の一例……だれかの借金の保証人を頼まれても、保佐人の同意がないとなることができない。
※2 **取消権**の一例……50万円の羽毛布団を購入したが本来不要なものであったら、取り消すことができる。
※3 **代理権**の一例……グループホームの入居契約を、本人に代わって締結することができる。

契約を取り消す権限もあります。

「保佐」は、日常的な買い物はひとりでできるけれど、借金や相続の承認及び放棄など、重要な財産に関する行為を行うときには支援が必要、といった方が対象です。これらの行為を本人が行う場合、保佐人の同意が必要で、保佐人は本人が自分の同意なく行った行為については、取り消す権限があります。

「補助」は、ひとりでも重要な財産に関する行為を行えないことはないが、誰かの支援があったほうが安心である、といった人が対象です。保佐人よりも同意や取り消しの権限の範囲は狭くなっています。

この成年後見人、保佐人、補助人をまとめて「成年後見人等」と呼ぶことがあります。

Q 成年後見人は何をする人ですか？

A

成年後見人等の役割は大きく分けて2つ、財産管理と身上保護です。

❶財産管理…本人の預貯金の出し入れ、保護、不動産などの管理、処分など。

施設やグループホーム（GH）に入居している場合は、小口のお金は施設側が管理し、大口のお金を後見人等が管理している場合が多くみられます。

❷身上保護…診療、看護、福祉サービスなどの利用契約、本人との面談。

施設やGHに入居する際に、判断能力が不十分で本人では契約ができない場合、本人に代わって契約をすることができます。成年後見人等が自ら介護行為をするわけではありません。また、福祉の利用契約や役所の手続きなどを行います。定期的に面会をして、安心して生活できているかどうか、困ったことがないかなど、本人に寄り添った後見活動が求められています。

これらの活動に関しては、家庭裁判所に報告義務があります。一般的には年に一度行います。

Q 後見人を決めるのは誰ですか?

A 家庭裁判所です。申立ての時に誰を後見人にしたいかという希望は出せますが、最終決定するのは家庭裁判所になります。

Q 家族は後見人になれないのでしょうか?

A 後見人の候補者として申し立てればかなりの確率でなることができます。令和5年の1月から12月のデータ(※)によると、この1年間に親族が成年後見人等として選任された数は7381件となっています。後見等が認められた件数は3万8002

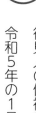

件なので、割合でいくと2割弱です。残りの8割強は弁護士、司法書士、社会福祉士などの専門職が多く選任されています。この数字だけ見ると「やっぱり裁判所は親族の後見人は認めないんだな」と思えてしまうかもしれません。

しかし、実はそうではないことが最近わかってきました。成年後見の申立ての際には、後見人を誰にしたいかという候補者名を書くことができるのですが、同年に親族を候補者として申請したものは全体の22・0%とありました。全体の申立て件数に当てはめると約8360件です。先ほどの、親族が選任された数と比べると、親族を後見人として申し立てた場合、9割近くは認められているという結果になるのです。そもそも申立ての時に親族を候補者として出していないから、なっていないということなんですね。

※最高裁判所家庭局『成年後見事件の概況—令和5年1月〜12月』より

認められていない残りの約1割について、その理由の記載はありませんが、以下のような事情が考えられます。

・本人である被後見人に財産が多くあり、その財産も現金、不動産、証券など多岐にわたる場合

・申立人以外の親族の同意書がないため、親族間でトラブルが起きると予想される場合

これらは障害者の場合もあるでしょうが、どちらかというと高齢で認知症などになった人に当てはまることが多いのではと考えられます。なので障害者の場合は、特に大きな問題がなければ、もっと高い確率で親族後見人は認められると考えてよいと思います。

Q 後見人の不正の問題はどうなっていますか？

A

後見人の不正は減っています。２０１４年の後見人による横領金額は、過去最高の約56億7千万円でした。その内訳は、弁護士ら専門職によるものが1～2割、8～9割は専門職以外、つまり家族、親族による不正がほとんどとなっています。専門職の不正は１００%悪意があり、額も大きいので、新聞記事などに取り上げられやすいのですね。家族の場合は、制度のことをよくわからないまま後見人に就任し、結果的に不正になってしまうことがあるようです。その後、後見制度支援信託や後見監督人といった、不正を防ぐ制度に

力を入れるようになり、2015年以降は減少。2023年の被害額は約7億で、2014年の1／8程度になっています。

Q 後見人は勝手につけられてしまうのでしょうか？

A

勝手に成年後見人等をつけられることはありません。成年後見制度はそもそも希望した場合に利用することができる任意的なものですから、本人側が何の申請もしていなければ後見人がつくことはありません。

ただし、本人の財産や権利を守るためには後見制度の利用が必要なのに、家族や親族がおらず申立てができない場合は、住んでいる自治体の首長が申し立てて後見人がつく場合はあります。

Q 後見人に支払う金額はいくらですか？

A

本人の財産の額で後見人報酬は決まります。

成年後見人の報酬は、後見人が勝手に決められるものではありません。家庭裁判所の審判によって決定します。その金額も目安が示されていて、東京家庭裁判所のホームページによると、基本報酬は月額2万円、管理財産額が増えると報酬も増える仕組みとなっています。

また、財産額による報酬以外に、後見人の行った事務において、身上監護（＝保護）等に特別困難な事情があった場合には、基本報酬額の50％の範囲内で相当額の報酬がプラスされる、となっています。

親族が後見人で、報酬の申立てをしなければ、後見の費用は本人からは支払われません（実費は除く）。ただし、本人にある程度の財産がある場合などに、家庭裁判所が後見監督人を選任することがあります。後見監督人の基本報酬の目安は、管理財産額が5000万円以下の場合には月額1万円～2万円、管理財産額が5000万円を超える場合には月額2万5000円～3万円となっています。

Q どのくらいの財産があると後見監督人がつくのでしょうか？

A 東京家庭裁判所では、本人の現金などの財産が1000万円以上となる場合に監督人を選任する方針をとっているとのこと。ただし、後見制度支援信託などの不正を防ぐ制度を利用し、成年後見人の手元で管理するお金を500万円程度に

成年後見人・成年後見監督人の報酬額の目安

成年後見人

管理財産額 (本人の資産)	基本報酬額 (月額)
1,000万円以下	2万円
1,000万円超、 5,000万円以下	3～4万円
5,000万円超	5～6万円

※保佐人、補助人も同様

成年後見監督人

管理財産額 (本人の資産)	基本報酬額 (月額)
5,000万円以下	1～2万円
5,000万円超	2.5～3万円

※保佐監督人、補助監督人、任意後見監督人も同様

付加報酬…成年後見人等の後見等事務において、身上監護等に特別困難な事情があった場合、上記基本報酬額の50％の範囲内で相当額の報酬を付加する

(東京家庭裁判所ホームページより)

設定したような場合には、監督人を選任しないことがあります。

Q

成年後見制度を始めたあとに、途中でやめることはできますか？

A

今は原則、一度始めたらやめられません。

成年後見制度をやめることができるのは、本人の判断能力が回復したときです。たとえば精神障害のある方が後見制度を始めたところ、治療の甲斐あって寛解したといった場合は、判断能力が回復した診断書を提出して、成年後見制度をやめることができます。それ以外は本人が死亡するまで後見制度は続きます。

Q

なるべく利用を遅らせたい場合、どのくらい遅らせられますか?

A

できれば使いたくない、まだまだ子どものめんどうはみられる、という自信があったら「待つ」という選択肢も有力です。使いたくないのに、いやいや使う制度ではありません。ただし、本人の判断能力が不十分であれば、いつかは使わなければいけない時がきます。

私はこの質問には、次のようなアドバイスをしています。

まず、両親がいれば必要ありません。もしも親がひとりだけで、その方が自分の健康に不安が出てきたときには後見制度の検討をしてください。

また、本人にきょうだいがいて、後見の手続きを託せるようなら、両親が亡くなったあとでも構わないと思います。

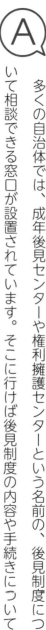

Q 後見制度が必要になった場合、相談先はどこになりますか？

A　多くの自治体では、成年後見センターや権利擁護センターという名前の、後見制度について相談できる窓口が設置されています。そこに行けば後見制度の内容や手続きについて教えてもらえます。また、親の会などに加入していれば、先輩の会員で詳しい方がいたりする可能性があるので、そこでもいろいろな情報がもらえると思います。お住まいの地域ではどこに行けば相談できるのか、ぜひ調べておいてください。

Q 成年後見制度は今後変わっていくのでしょうか？

A　一度始めたらやめられない、というルールが変わるかもしれません。
成年後見制度が障害者の家族から敬遠されている最大の理由は、本人が亡くなるまでこの制度が続くこと、途中でやめられないことだと思います。

しかし、現在成年後見制度の見直しの議論が行われており、スポット的な後見制度の利用、つまり相続手続き、銀行口座の解約、不動産売却、施設の入所契約など必要な時だけ本人に代わって後見人が手続きをして、その後は辞任し制度利用も終了する、という方向に変更される見通しです。それ以外の期間は、日常生活自立支援事業または新たな事業を創設して、本人をサポートする、ということになると思われます。他にも、後見人が支援する行為の範囲を限定する、状況に応じて後見人の交代を可能にするなども検討事項となっていて、2026年度までに民法などの関連法改正を目指すとのことです。

そうなれば、後見制度の利用を控えていた最大のネックがなくなり、必要な時にはしっかり支援を受けられることになります。私たちにとっても大きな安心材料になるのではと期待しています。

日常生活自立支援事業

Q どのようなものですか？

A　日常生活を営む上で必要な福祉サービスを、自分の判断で選択・利用することが困難な人を対象にした制度です。契約に基づき、福祉サービスの利用に関する相談、助言や情報提供、金銭管理などの支援を行い、利用者が安心して自立した生活を送れるようにサポートすることを目的としています。

基本サービスとしては福祉サービスの利用援助、オプションとして日常的な金銭管理サービス、年金証書や通帳などの書類等預かりサービスがあります。

法定後見との違い

	日常生活自立支援事業	成年後見制度（法定後見）
本人の判断能力	契約する判断能力はあるが、福祉サービスの利用や金銭管理は難しい	判断能力が欠けている、もしくは不十分
利用の方法	社会福祉協議会等に、利用者本人が申し込み契約	本人、配偶者、親族などが家庭裁判所に申立て
費用	利用するたびに1回 1,000～2,500円程度	申立て費用が数万円、後見開始後は月額2～6万円程度の報酬を支払う
支援する人	社会福祉協議会の専門員と生活支援員	家族、親戚、専門職、法人、市民後見人など
支援内容	福祉サービスの利用援助や日常的な金銭管理等の援助、書類預かり	財産管理や身上保護に関する法律行為
監視や監督をする人	契約締結審査会、福祉サービス運営適正化委員会	家庭裁判所、成年後見監督人

たとえば、役所や銀行の手続きをひとりでするには不安な人に、アドバイスする、いっしょに窓口について行く、通帳や印鑑の管理が不安なら金融機関の貸金庫に預ける、などの援助を行います。

Q お金はいくらかかりますか？

A 利用の料金は、地域や本人の収入によって若干の違いはありますが、すべてのサービスを利用しても、月額で3千円前後となっています。

Q

どんな人が使っていますか？

A

具体的な利用者としては、高齢者のひとり暮らしや夫婦の世帯、あるいは障害者がひとり暮らしをしている世帯、高齢の親と障害のある子の世帯などがあります。判断能力が十分でないため、福祉サービスの適切な利用が困難な人が対象となります。ただし、利用を希望する本人との契約になります。

知的障害者である子どもに利用させたいという場合、制度利用の契約をするのは利用者である子どもで、親がかわって契約するものではありません。ですので、まず子ども本人がこの事業の利用を希望していることと、子どもに契約の内容を理解する能力が必要になります

Q 障害者は利用できないと聞いたことがあります。

A

事業の内容は全国ほぼ共通ですが、実施主体が都道府県や指定都市の社会福祉協議会（社協）のため、運用が微妙に異なっています。

ある地域では、日常生活支援事業の対象は、「契約を理解することができて、判断能力のある人なので、療育手帳や精神障害者保健福祉手帳を持っている人や、認知症等の診断名がある人は、利用できないと言われた」、また他の地域では、「県からの予算が実績重視でしかおりてこない」、「今まで高齢者しか使ってこなかったため、障害者が希望しても予算がないので認められない」といった報告がありました。お住まいの地域で、障害者の利用が可能かどうかご確認ください。もし利用できないと言われた場合は、家族会など団体を通して要望をあげてみてはいかがでしょうか。

Q 本人がフルタイムで働いていると使いづらいと聞いたことがあります。

A 本人を支援してくれる生活支援員は、各自治体の社協によって勤務時間が平日の8時30分~17時というように決められていて、時間外の対応は原則してくれないようです。そのため、フルタイムで就労している障害者と時間が合わない可能性があります。実際に利用している人は、生活支援員が来る時間帯に合わせて、有給休暇を使い全休や半休を取っているようです。

Q 途中でやめることはできますか?

A 成年後見制度と違い、あくまで本人の意思による契約なので、解約することは問題ありません。

住まい

Q 障害者の住まいにはどんなものがありますか？

A

障害者が親と離れて生活する場合の住まいは、法制度の変化に伴い、大規模な入所施設から地域でのグループホームへと変わってきています。さらに、福祉サービスなどを組み合わせてひとり暮らしを選択するケースも増えています。

現時点で考えられる住まいや暮らしの種類は以下のとおりです。

●障害者支援施設（入所施設）

通常の終身の住まいの他に、利用期間が決められている移行型というものもある。

●**グループホーム**

通常のもの以外に、サテライト型という、母体のグループホームの支援を受けながら近くのアパートにひとり暮らしするものもある。また、「日中サービス支援型」という新しい仕組みもできている。

●**福祉サービスを利用したひとり暮らし**

新しい自立生活援助という制度ができたり、重度訪問介護の利用範囲が拡大されるなど、ひとり暮らしを支えるサービスの選択肢が増えている

●**高齢者住居**

将来本人が高齢になった場合の選択肢になる。また、自治体や施設によっては、年齢の若い障害者が入居している事例もある。

●**きょうだいや親類と同居**

●**その他シェアハウスなど**

ただし、これですべてではありません。家族や社会福祉法人などが、制度にとらわれない独自の仕組みで障害者が安心して暮らせる場を提供している事例もあります。

Q 入所施設での生活はどのようなものですか？

A

入所施設では、主に夜間において、入浴、排泄、食事等の介護、生活等に関する相談・助言のほか、必要な日常生活上の支援を行います。また、生活介護などの日中活動の場が同じ敷地にある場合が多く、原則的に他の施設などに出かけることはありません。障害者の日常生活を一体的に支援してくれます。

居室については、4人以下という規定があります。トイレや洗面所はフロアごとに設置することになっていて、居室にはない場合が多いですが、比較的新しい施設の場合は、個室であったり居室ごとにトイレなどが設置されていたりというところもあります。

Q グループホームの生活はどのようなものですか？

A

グループホームで受けられるサービスは、主として夜間において、共同生活を営むべき住居で、相談、入浴、排泄又は食事の介護その他の日常生活上の援助を受けるものです。この内容は入所施設とほぼ同じです。ただし、日中活動の場は併設されていないので、朝食後は職場や作業所などに出かけるのが原則です。

重度の障害があったり、高齢になって出かけるのが難しいので、日中も居室でゆっくりしたいという希望にこたえられるように、２０１８年に新しく制度化されたのが「日中サービス支援型グループホーム」です。まだ数は少ないですが、重度の障害者の住まいとして今後増えていくことが期待されます。

また居室については、原則個室になっています。食事、入浴、洗濯、トイレなど、共同生活のため他の利用者に配慮しなくてはいけない場面もありますが、それなりの自由度とプライバシーは保障されています。

Q グループホームの費用はいくらぐらいですか？

A

グループホームの利用料金の仕組みですが、かかる費用としては、家賃と食費や光熱水費などの実費です。

家賃については、地域によって差は大きいですし、同じ地域でもホームによってバラバラです。ただし、全国統一で1万円の家賃助成があり、都市部などの市区町村によってはそのほかに独自の上乗せをしているところもあります。

実費の内訳は、そのホームで実際にかかった食材費や共用室の電気、水道代などは利用者の人数で頭割りし、個室でかかった電気代はその金額を支払います。

多くのグループホームでは障害基礎年金などの収入で暮らしていける仕組みになっています。ただし、グループホームの利用者は、日中は外出するので交通費や食費などがかかります。休日などは自分の好きな余暇活動や趣味にもお金がかかるでしょう。他にも、病院にかかるための医療費は確保しておきたいですし、お金が潤沢に使えるほどの余裕はないかもしれません。そういった分については、自分が働いて稼ぐなり、親が残してあげるなどで、年金収入とは別にある程度は準備しなくてはいけませんね。

Q

障害者が住んでいるシェアハウスとはどのようなものですか？

A

障害者と健常者が役割分担しながら暮らすシェアハウス、少しの支援や見守りがあると地域で生活できるという障害者が暮らすシェアハウスなど、運営事業者のコンセプトによってさまざまなスタイルがあります。シェアハウスは福祉サービスではないため、助成金はなく通常の家賃等がかかりますが、自由度の高い生活ができると思います。

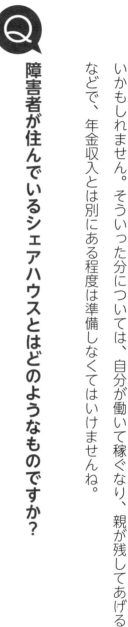

Q きょうだいにめんどうを見てもらうという考え方もあると思いますが。

A

きょうだいと暮らしている障害者も実際には多いと思います。きょうだいと同居してほしいという親もいれば、きょうだいにはめんどうをかけたくない、という親もいることでしょう。どちらが正しいということはありません。

以前、障害者の「きょうだいの会」の方にこんな話を聞きました。親から「めんどうをみてくれ」と頭ごなしに言われても困る。でも、親が先回りして「あなたは心配しなくていいよ、この子のことは私たちがちゃんと準備しておくから」と言われたのに対して、「私も同じ家族として一緒に将来のことを考えたいのに」と思っているきょうだいもいる。自分もちゃんとこれからのことを知っておきたいという気持ちを、多くのきょうだいは持っているということでした。

もちろん人によっていろいろな考え方はあるでしょう。重要なことは、「めんどうをみてほしい」あるいは「あなたは心配しなくていい」と親が決めつけるのではなく、情報を共有して、きょうだい自身がどうすればいいのかを考えてもらうことではないでしょうか。

Q

親子が一緒に暮らせる住まいはありますか？

A

たとえば大分県には老人ホームの建物の一部が障害者グループホームになっているものがあります。実際に、老人ホームには親が住み、グループホームに子どもが住んでいるという例もあるそうです。また、富山県が特区で認めている共生型グループホームでは、高齢者と障害者が一緒に生活しているので、親子が同じ建物で暮らしている例もあります。その他にも、地域によってさまざまな取り組みが行われているようです。

Q いつからグループホームの入居を考えればいいですか？

A

何歳から入居すればいい、といった目安はありませんが、もしグループホームの空いたタイミングと、本人や保護者が利用したいという気持ちが合うのなら、思い切って飛び込んでみるという決断も必要かもしれません。

グループホームに入居することで生活は大きく変化しますが、まったく会えなくなるわけではありません。親や家族が元気な間であれば、本人は週末、家に帰って生活することが可能です。また、どうしても本人に向いてないなと感じたら、グループホームとの契約を解除してまた家で暮らすこともできます。

親がめんどうをみられなくなってからの入居となると、もう実家に帰っても支援は受けられないので、戻ってはこられず、生活がガラッと変わってしまいます。それは本人にも負担が大きいのではないかと思います。

親が元気なうちに、具体的に動き出すことをお勧めしたいです。

Q 本人の住まいを決めるときに大切なことはなんですか？

A

親御さんから相談を受けていると、住まいのことについてこうおっしゃる方が多いです。

「うちの子はひとり暮らしをするのは無理だから、グループホームか施設に入所させたいんです」

もちろん、一番本人のことを知っているはずの親御さんの意見なので、尊重はします。でも、やったことがないのになぜ「無理」とわかるのか。そもそも、子どもの住まいのことを親が決めていいのか疑問です。

どのような住まいや暮らし方で生活がしたいのか、それを決めるときに一番大切なのは本人の希望です。もちろん、必ず希望が実現できるわけではありません。いくら本人が「ずっと親と住みたい」「ステキなお城で暮らしたい」と言っても、ムリなことは当然あります。

「子どもは自分で決めることはできない」とおっしゃるかもしれません。でもそれは、本人に選択肢を与えていないからではないかと思います。グループホームはどんなところなのか、ショートステイなどの利用が可能であれば体験してみる、本人がひとり暮らしを希望するのであれば、福祉サービスである自立訓練を利用してみる、ウイークリーマンションで短期間生活してみる…さまざまな経験を通して、子どもが希望しているのはどういった暮らし方なのか、本人の中でもイメージができてくるでしょうし、自分では意思表示が難しい場合でも、親が様子をみていると何か伝わってくるのではないかと思います。

障害者権利条約制定時の合言葉、「私たちの事を私たち抜きで決めないで（Nothing about us without us)」を実践するために、本人の意思を尊重して、自己決定できる環境を作ってあげてください。

ひとり暮らし支援

Q 本人のひとり暮らしを支える仕組みはありますか？

A

生活の場の支援であれば居宅介護や比較的新しいサービスの自立生活援助、就労している場合は就労定着支援などがあります。また、日常生活自立支援事業を利用しているひとり暮らしの人もたくさんいます。

相談できる場所も数多くあります。福祉サービスの利用については計画相談事業者、仕事や生活面については障害者就業・生活支援センター（なかぽつ）、入所施設や病院を出て地域で生活する場合の地域移行支援やトラブルが起きた時など緊急時に対応してもらえる地域定着支援、その他自治体によって独自の相談機関を設置しているところもあります。

Q 就労定着支援とはどのようなものですか？

A

2018年から始まった比較的新しい福祉サービスです。障害のある人の就労や、就労に伴って生じている生活面での課題を解決し、長く働き続けられるようにサポートします。このサービスが制度化される前も、就労移行支援事業所や、障害者就業・生活支援センターなどが中心になって定着支援を行っていました。しかし、働く障害のある方が増えてきて、課題解決を支援するニーズも高くなってきたことから、独立した福祉サービスとして実施されることになったものです。

Q 自立生活援助とはどのようなものですか？

A

このサービスも、就労定着支援と同様、2018年から始まりました。文字通り障害者が地域で自立して生活することを援助するサービスで、ひとり暮らしをしている障害者を定期的に訪問し、食事や掃除、洗濯など生活面の課題や経済面、健康面、近隣との関係などについて問題がないかどうかを確認し、必要な助言や支援機関との連絡調整などを行うものです。また、利用者からの相談や依頼があった場合には、訪問、電話、メール等による対応も随時行います。

サービスが始まった当初は、ずっと使えるものではなく、原則1年間で、市区町村の審査会が必要と認める場合はあと1年までの範囲で延長可能となっていましたが、その後運用が変わり、延長回数の制限はなくなりました。

ひとり暮らしの障害者の力になってくれる制度なのですが、始まって日が浅いこともあり、まだ事業者数が限られているようです。もっと多くの事業者が参入することを期待しています。

重度の障害がある人でもひとり暮らしはできますか？

代表的な福祉サービスに、重度訪問介護があります。ヘルパーが自宅を訪問し、入浴、排泄、食事などの介護、調理、洗濯、掃除などの家事、相談や助言など、生活全般にわたる援助や、外出の際の介護など、総合的な支援を行います。

日中活動以外の時間は常時ヘルパーが必要となる場合が多いので、長時間の支援となります。自治体がそれだけのサービス利用を認めてくれるか、担ってくれる事業者があるかなど、課題はいろいろとあります。

重度訪問介護は、長時間ずっと見守ってもらえるという非常に心強い支援です。まだまだ利用されている地域は一部に限定されていますが、全国的に広がってくるといいですね。

Q グループホームがひとり暮らしを支援するという話を聞きましたが、どのようなものですか？

A

2024年度からスタートした新しい制度です。現在グループホームに入居している人のうち、ひとり暮らしを希望する人がいる場合、アパートなどでの暮らしに移れるよう支援すること、さらに移行した後の定着を支えることが、グループホームの支援内容に追加されました。始まって間もない制度なので、利用する人はまだまだ限られていますが、この制度がうまく機能するようになると、ひとり暮らしを選択する障害者がさらに増える可能性があると思います。

相談支援について

Q 地域生活について、障害のある人や家族が相談できる場所はどこですか？

A 福祉サービスを利用する際に支援を受けられる「計画相談支援」、入所施設や病院から地域生活に移る際に利用できる「地域移行支援」「地域定着支援」を実施している事業者があります。

Q 計画相談支援とはどんなものですか？

A

障害者総合支援法が定める福祉サービスを利用するためには、「サービス等利用計画」が必要になります。この計画は自分で作ることもできますが（セルフプラン）、専門の事業者に依頼することで、福祉サービスに詳しい相談支援専門員に現在の状況や希望などを伝え、作成してもらうことができます。この事業が計画相談支援です。定期的にアセスメントを行い継続的に支援してくれるので、障害者の将来の生活を支える重要な役割を担ってくれる可能性があります。現在セルフプランで計画作成している場合は、早めに計画相談事業者とつながっておくことをお勧めします。

Q 生活困窮者自立支援とは何ですか？

A

経済的な困窮や、就労や住まいに関する悩み、引きこもりなど、複雑で多様な困りごとを抱える生活困窮者に対して、その意思を尊重しながら、生活を立て直して、少しずつ自立していけるように、縦割りではない横断的な支援を実現していくための制度です。相談窓口では、「働きたくても働けない」「住む場所がない」などさまざまな相談について、一人ひとりの状況に合わせた支援プランを作成し、他の専門機関と連携して、解決に向けた支援を行います。

Q

「親なきあと」についての相談を受けてくれるのはどこの窓口ですか?

A

私の考えにご賛同いただいた方々が、全国で「親なきあと」相談室を開設しています。左記のホームページにリストを掲載していますので、ご確認ください。

◎ **https://www.oyanakiato.com/archives/2284**

Q 家族会とはどういった組織ですか？

A 同じ悩みを抱える家族が集まって、情報交換したり先輩の親御さんに相談したりできる組織です。行政に対して要望を提出して、自分たちの子どもの地域生活が改善するように尽力しているところもあります。知的障害、精神障害、難病、引きこもりなど、さまざまな家族会があり、参加者の年齢などプロフィールも会によってそれぞれなので、相性の合うところを見つけて、ぜひ加入してみてください。

Q チーム支援とはどういうことですか？

A 障害のある人が地域で支援してもらうためには、なるべくたくさんの方に関わってもらうことが重要です。

障害者本人には日中活動施設の支援員や、グループホームの生活支援員、行政の担当者、計画相談事業者、後見人など、たくさんの支援者がいると思います。多くのつながりがあることで、親がめんどうをみられなくなったあとも、本人を支えるチームが作られることになります。たとえば成年後見人が就任している場合でも、後見人は全権委任されているわけではありません。あくまでチームの一員として、支援の輪に入ってもらう。これが障害者の将来を支える一つの理想形だと思います。

多くの人が本人を支えている

障害者手帳を持っていない引きこもりの場合

Q **手帳がなくても利用できるお金に関する仕組みにはどのようなものがありますか？**

A 本人に定期的にお金を残す仕組みとして、契約による家族信託や、生命保険信託、遺言代用信託が利用できます。お金の管理の仕組みとしては、成年後見制度や日常生活自立支援事業も条件が合えば利用可能です。

Q 手帳がなくても利用できる障害福祉サービスはありますか？

A 障害福祉サービスは、手帳がなくても利用できます。サービスを利用するために必要なのは受給者証で、手帳を持っている人でもこの受給者証がなければ利用できません。医師の診断書を添えて受給者証の交付を申請し、認められれば利用条件に合う障害福祉サービスを利用することができます。

Q 引きこもりの子がいる場合の相談機関にはどういったものがありますか？

A 右記の福祉サービスを利用するためには、計画相談の項で解説した「サービス等利用計画」が必要になります。これを作成してくれる計画相談事業者を利用する際には、手帳の有無は問われません。生活困窮者自立支援制度の相談窓口も、同様に利用できます。

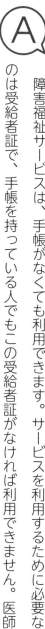

また、最近では行政などが関わって、多くの地域で引きこもりの家族会が作られています。同じ課題を持つ人たちの集まりは精神的にも支えになりますし、有益な情報を得られるかもしれません。ぜひご自分の地域の状況も調べてみてください。

第2章

本人の年代別、親あるあいだの対策

前章では、「親なきあと」に関わる制度をご紹介しました。基本的な内容について、ご理解いただけたと思います。

ただし、それぞれの中身についてはわかった、という方でも、それらをいつから利用すればいいのか、また、そのためにいつから準備を始めればいいのか、その判断はなかなか難しいと思います。

そこでこの章では、本人の年代別に分けて、どのタイミングでどのような制度の利用を考えればいいのかについてまとめてみました。もちろん本人や家族の状況によって違いはあります。すべての方に同じように当てはまるわけではありませんが、一つの目安にはしていただけると思います。

誕生～学齢期のイベント

手帳の取得が「親なきあと」の第一歩。医療や教育、福祉など地域でのネットワークをつくりながら公的支援を受ける準備を進める

本人が学齢期の間は、次の進路という大きな課題が目の前にあるので、親なきあとのことまではなかなか考えが及ばないかと思います。ただ、障害基礎年金の申請のための準備、福祉サービスや卒業後の就労につながる障害者手帳の取得など、この時期にやっておきたい大切な手続きがあります。

■障害者手帳の申請

障害者が生きやすくなるように、暮らしを支援してくれるさまざまな支援制度があります。そういった制度を利用するために、一定のハンディキャップがあることを証明するのが「障害者手帳」です。手帳を取得することで、各種の手当が受給できたり、税金や医療費などの控除、割引などを受けられたりという経済的な優遇措置が

あります。また、手帳があれば、障害者雇用の枠で就労することが可能となり、就職の選択肢の幅が広がるという大きなメリットもあります。

■障害基礎年金の申請準備

障害基礎年金の申請は20歳に達してからになりますが、それまでに準備しておいてほしいことがあります。知的障害や発達障害で年金申請をする場合、精神科の医師による診断書が必要になるので、診断書を書いてくれる医師を確保しておきましょう。障害が明らかになった頃は病院にかかっていても、その後大きな変化はないので通院はしていないという方をしばしば見かけますが、何年かぶりにいきなり受診して診断書を依頼しても、すぐには書いてもらえず、何回か通院してくださいと言われる可能性があります。医師としても、診断書を書くにあたり、しっかり本人の状態を見極めることが必要なのは当然でしょう。そこで、定期的に通院しておくことをお勧めします。

また、年金の申請時には「病歴・就労状況等申立書」という書類も一緒に提出します。発病の経緯から始めて、受診状況、日常生活や就学・就労状況について時系列で記入するもので、知的障害の場合は親が書くことがほとんどだと思います。こちらも年金申請の直前になってから書こうとしても、すぐには思い出せないこともあるため、どこかに記録を残しておくと、申請時の助けになるでしょう。

■本人名義の口座作成

障害年金が入金される本人名義の口座を開設しておいてください。18歳で親権がなくなると、たとえ親でも原則、口座は作れないので、成年後見人を就けなければいけなくなってしまいます。口座を開設する際は、その後の管理のためにキャッシュカードも合わせて作っておきましょう。

■医療費助成の申請

障害者医療費助成制度は、心身に障害のある人が医療を受けた際に、医療費を助成する制度です。都道府県や市区町村が実施しているもので、住んでいる地域によって、対象となる障害の程度や、助成の内容が変わってきます。本人が未成年の場合は保護者の所得、成人後は本人の所得によって受給制限があります。

たとえば東京都の場合、愛の手帳1度、2度の人は保険診療が無料となっています。お住まいの地域の障害福祉課などにぜひ確認してみてください。

■自立支援医療制度の利用手続き

障害の程度を軽くしたり、取り除いたり、障害の進行を防いだりするための医療費について、本人負担の一部を給付するのが自立支援医療制度です。精神疾患で通院して精神医療を受ける場合に、医療費（薬代なども含む）の自己負担が通常の3割から1割に軽減されます。

■そのほか準備しておきたいこと

直接親なきあとの対策となるものではありませんが、障害の状況等により受給できる手当（特別児童扶養手当、障害児福祉手当など）の申請も忘れずにおこなってください。

また、障害福祉の制度や仕組みは、少しずつ変化しています。新しい情報を得るために、ちょっとした不安や困りごとについて相談できるように、同じ悩みを持った家族の会などに加入することもお勧めします。

成人後～青年期のイベント

親離れ・子離れを意識しつつ、年金など定期的な収入の確保、福祉サービス、将来の住まいや暮らし方の検討など、本人の暮らしを形づくるプロセスを進める

特別支援学校等を卒業して、就労などの日中活動の場に移っていくと、学齢期の時期ほどいろいろな手続きに追われることはなくなりますが、本人の将来の生活を支えるためのお金の管理や福祉サービスの契約、さらには成年後見制度等の検討などが視野に入ってきます。

■障害基礎年金の申請

まずは障害基礎年金の申請です。20歳になったらなるべく早く申請できるように、医師に診断書を依頼しておきましょう。

年金以外にも、特別障害者手当、年金生活者支援給付金など、本人が受給できる可能性のある手当があります。こちらも忘れずに手続きをしましょう。

■福祉サービス利用契約

成人後の障害福祉サービスを利用するために、計画相談事業者との契約をしましょう。事業者と契約せず、親や本人が計画を作成することも可能ですが（セルフプラン）、将来のことを考えるとセルフプランはできれば避けたいところです。就労すると福祉サービスはあまり使わないということも考えられますが、地域とのつながりを作るためにも、ショートステイや移動支援を利用するなどの目的で契約しておきたいところです。利用できるサービスが決定すると、自治体から「受給者証」が交付されます。

■定期的な収入の確保

本人の給与や年金以外に、将来本人が高齢になってから、あるいは親が亡くなったあとに、定期的にお金を受け取れる仕組みを作っておくことも考えられます。

親などの保護者が障害者扶養共済や生命保険信託に加入することで、親が亡くなったあとに本人が年金の形でお金を受け取ることができます。これらは、加入者となる親の年齢が若いほうが、掛金などで有利になることが多いので、早めに検討することをお勧めします。また、障害者本人がiDeCoやつみたてNISAに加入することで、お金を増やし、本人の老後などにそのお金を受け取ることができます。

■将来の住まいの準備

親と離れて暮らすための準備として、ショートステイなどでひとり暮らしの練習をすることを考えておきましょう。もちろん本人の希望にもよりますが、必要であることをしっかり納得してもらい、取り組んでおきたいところです。

それと並行して、本人が将来どのような生活を望むのか、実現可能な選択肢はどれなのか、考えておきたいですね。グループホームや入所施設なのか、あるいはひとり暮らしを選択するのか、その場合どういった支援が必要になるのか。これらの情報収集は、親や家族だけではなかなか難しいことがあるので、計画相談事業者等の支援機関に相談して、情報を得るようにしましょう。

■成年後見制度の利用検討

将来的には必要になる可能性があります。多くの自治体には「成年後見センター」といった名称の相談機関があるので、わからないことや不安なことがあれば、早めにアクセスしておきましょう。

■ノートを活用した情報のまとめ

地域の自治体や家族会が作成しているノートや、「親心の記録Ⓡ」を活用して、本人の情報や親の希望をまとめておきましょう。子どもがひとりで残されたときには、福祉施設の職員や行政などの支援者がサポートしてくれることと思います。そのときに、子どもの生活に関するさまざまなことを、一冊のノートにまとめておけば、支援する側が本人の特徴を理解しやすくなり、子ども自身の生活の安定にもつながります。また、きょうだいなど家族間でも情報共有ができ、親なきあとの生活を一緒に考えるきっかけにもなります。

壮年期〜高年期のイベント

近いうちに訪れる「親なきあと」に向けて、記録・情報の共有、遺産相続、成年後見制度の検討など、親から支援ネットワークへの移行を進める

本人が40代以上のいわゆる中高年期にさしかかってくると、親も高齢になってきます。いよいよ「親なきあと」のことが実感を伴ってくる時期でもあります。ここまで準備してきたこと、情報を集めてきたことを具体的に形にする必要があります。

本人の生活の場、支援者のネットワークを考えるとともに、親自身の終活も必要になってきます。

■信託制度の利用検討

親が亡くなったとき、本人が多額の相続財産を受け取るのを避けるために、信託の仕組みを利用することが考えられます。信託銀行等で扱っている遺言代用信託や特定贈与信託、あるいは専門家に家族信託の契約書の作成を依頼するという方法もあります（37ページ）。

■遺産相続準備、遺言作成

親が亡くなったあと、子どもたちに負担をかけないために、遺言作成に取り掛かりましょう。特に障害のある子の親なきあとのためにはぜひ書いてほしいと思います。

一般的な遺言の方式としては、自筆証書遺言と公正証書遺言の2種類があります。効力に差はありません（45ページ）。

いきなり遺言を書くのは大変という方も多いと思います。エンディングノートなどを利用して、どのように相続させるのかを記述したり、相続財産のリストを作成するなどの準備をしておきましょう。また、遺言で遺言執行者を指定しておくと、本人に負担をかけずに相続手続きをすることができます（47ページ）。こちらも検討してみてください。

■成年後見制度の利用検討

本人の判断能力によって、成年後見制度を利用すべきか、あるいは日常生活自立支援事業のほうが適しているかを判断し、具体的に進めていきたいところです。成年後見制度については、一度始めたら原則やめられないため、利用する障害者がなかなか増えないという実態があります。そこで、現在見直しの議論がされていて、必要な時（相続、契約など）だけ後見人が就任して、手続きが終了すれば後見人は退任して他の支援制度で本人を支える、というように改正する方向で検討が進められています（63ページ）。そういった最新情報も把握しておきたいところですね。

■親なきあとの生活、支援ネットワークの構築準備

住まいや暮らし方についても具体的に組み立てていきましょう。合わせて、本人を支援するネットワークの構築もしておきたいところです。まだ親と同居しているのであれば、施設やグループホームに入居するのか、今住んでいる家に住み続けてひとり暮らしに移行するのか、アパート等に引

っ越すのか、決めていかなければいけません。

そして、本人を支える人たちが連携していけるように、ネットワークを作ることができればより安心です。具体的には、親が元気なあいだに計画相談事業者や日中活動施設の支援者、入所施設やGHの支援者などとケース会議を定期的に開催することで、親がいなくなっても継続的にチームで支援してもらうことが期待できます。そこまでの準備は難しくても、本人や親が地域としっかりつながっていれば、障害者の親なきあとは誰かが支えてくれます。近所づきあい、福祉サービスの利用、家族会への参加などを、可能な限り続けてほしいと思います。

そして実は、この「チーム支援」こそが、「親なきあと」対策として一番重要なことなのです。

チーム支援の実例

それでは、実際に両親がめんどうをみられなくなった後、チームで支えてもらっている方の事例をご紹介します。

■Tさん・40代前半の女性の場合

20歳過ぎの時に遭遇した交通事故が原因で、高次脳機能障害があります。国民年金の保険料を納付していなかったため、障害年金が受給できず、生活保護を受けています。

両親が早くに亡くなり、同居していた兄に親の遺産を使い込まれ、さらにTさんが受給する生活保護のお金も取られるなど、経済的ＤＶを受けていました。そこでそ

の兄と引き離すため、行政の措置でグループホームに入居し、成年後見制度の利用も始めました。経済的にも厳しく、施設内でトラブルがあったり、精神的に不安定になって入院したりと、なかなか平穏無事な生活とはいきませんが、Tさんにはたくさんの支援者が関わっています。

Tさんが病院から退院することになった時、Tさんの成年後見人、作業所の所長、グループホームの管理者、行政の障害担当、生活保護担当、計画相談事業者が集まりました。そして、退院後のグループホームでの生活にあたって注意すること、かかりつけの病院のことなどについて、本人や病院関係者を交えて話し合ったのです。

■本人を支えるのは地域のつながり

Tさんにはお金はありません。頼れる家族もいません。でも、将来の生活についてはとりあえず安心できる環境にいます。

それは、本人を支える人々が周囲にいるからです。いろいろと課題はありながらも、本人のことをよく知る人たちがチームとなって支えてくれることで、安定した生活が確保されています。

本人をどのような形で支えるにしても、可能であれば、チームで支える仕組みが理想的です。成年後見制度を利用するとしても、後見人が本人に関する重大な決定をする前に、本人と日常的に関わる人たちと話し合う環境があればより安心です。

きょうだいが支援する場合でも、きょうだいだけにすべてを背負わせるのではなく、さまざまな支援機関や福祉担当者を巻き込んだ態勢を整えることが望ましく、本人及び支えるきょうだいにとっても大変心強いと思います。

どうすればこういう関係性が構築できるのか。支援チームが作れるのか。明確な答えはありません。しかし「地域の中でつながりを持つ」「周囲を巻き込んでおく」「本人を知る人を増やしておく」といった事前準備が、きっと本人の将来に役立つことでしょう。

第3章

具体的な「親なきあと」の相談事例とアドバイス

私のところに相談に来られるのは、拙著をお読みいただいたり講演会に参加されたりして、「親なきあと」の本人を支える制度や仕組みについて、ご自分なりに調べている方も多くいらっしゃいます。ただし、みなさんのお話を伺っていると、制度についてはある程度理解したつもりでも、ではその制度をどう使えばいいのか、自分の家族に当てはめて考えるのは難しいという方がほとんどのように感じています。

そこでこの章では、私が今まで受けてきたご相談の中からいくつかピックアップして、それぞれのケースではどのような制度が使えるか、親なきあとの生活をどう想定し、私がどのようなアドバイスをしたか、ご紹介していきたいと思います。

（なおここに紹介した事例は、いずれも実際にあった事例に基づいて、家族や環境などは個人が特定できないように変更を加えています）

幼少期〜学齢期の場合

お金をたくさん残すために、引っ越したほうがいいでしょうか

当事者／3歳の女児、重度の知的障害
相談者／父親

子どもの将来のために、できるだけお金を残してあげたいと考えています。今は職場も住まいも東京なのですが、家賃も高いので、実家のある北関東のA県に帰ったほうがいいでしょうか？　また、2人目の子どももほしいのですが、お金がかかってしまうので、どうしたらいいのでしょう

いか悩んでいます。

アドバイス　お金を残す仕組みを準備しましょう

まだお子さんも未就学で、先のことがよくわからず大きな不安を抱えていらっしゃるのだと思います。ただ、たくさんのお金を残すために今の生活を変える必要はありません。特に重度の知的障害の人の場合は、将来的にもさほどお金はかからないことが多いのです。障害年金や医療費の助成など、さまざまな支援を受けることができます。まずは今の生活を大切にしてください。

そうはいってもお金はあったほうが安心という場合は、本人が年金の形で定期的にお金を給付してもらえる、障害者扶養共済（41ページ）や生命保険信託（38ページ）を検討されるといいと思います。これらは加入される方の年齢が若いほうが、払うお金と受け取るお金のバランスで有利になる可能性が高いので、オススメです。

将来のお子さんの生活について、例えば家族会に入って先輩の親御さんの話を聞く、関連の書籍などを読んで情報を得るなどして、少しずつイメージを持っていただければと思います。そうすることで、やみくもに不安になることは避けられるでしょう。

障害年金申請の準備として何をすべきでしょう

当事者／小学5年生の男児、軽度の知的障害
相談者／母親

息子は現在、支援級に通っています。「親なきあと」はまだまだ先ですが、本人の生活の安定のために障害基礎年金は確実に受給させたいと考えています。今からしておくべき準備はありますか。

アドバイス　かかりつけ医を確保しておきましょう

障害基礎年金の判定結果には、1級、2級、非該当が

あります。判定材料としては、「医師の診断書」（23ページ）が大きなウエイトを占めます。知的障害のばあい、精神科および精神・神経障害の診断または治療に従事している医師による診断書が必要になりますので、かかりつけ医を確保して、継続的にかかっておくようにしてください。障害がわかった時は通っていても、その後落ち着いたので精神科のクリニックには通わなくなったという方もいらっしゃいますが、年金の診断書はこういった医師に書いてもらう必要があるのです。

また、もう一つ判断の基準になる書類として、「病歴・就労状況等申立書」（23ページ）があります。これは、いつ、どういう病気になった、障害によってこのような困りごとがあった、などを時系列で書くもので、親が書くことが多いと思います。年金の申請の時に、過去のことを思い出しながらこれを書くのは大変です。障害に関する出来事は、どこかにまとめてメモしておいてください。年金申請の時に参考になります。

精神の手帳の取得を迷っています

当事者／4歳の女児、自閉スペクトラム症
相談者／母親

娘は2歳のときに自閉スペクトラム症と診断されました。今のところ知的な遅れや、感覚過敏、パニックなどの症状はありませんが、言語面やコミュニケーションの面で半年ほどの遅れがあるそうです。

将来のためにいろいろと勉強したいと考えていますが、現在、精神障害者保健福祉手帳の取得について迷っています。メリット、デメリットなど教えてください。また、中長期的なライフプランを考えるにあたり、今から準備

したほうがいいことなどありましたらアドバイスをお願いします。

アドバイス 手帳の取得にデメリットはありません

障害者手帳を取得することのデメリットはありません。取得時や更新時に提出する診断書に若干費用はかかりますが、一番軽度の3級の手帳でも所得税、住民税が障害者控除の対象になり、経済的にはメリットのほうが大きいと思います。また、将来就労する際に、手帳があることで障害者枠での雇用という選択肢が生まれます。精神的な抵抗感はあるかもしれませんが、就労時以外に手帳を他人に見せることはまずありませんし、どうしても本人が嫌がったら返納することもできます。取れるのであればぜひ取得してください。

お子さんはまだ小さいので、今から焦って準備をする必要はありませんが、本人の将来の定期的な収入を確保するために、親御さんの年齢が若いほうが有利になる可能性が高い、障害者扶養共済や生命保険信託は、検討する価値があると思います。また、地域の情報を得るために、同じ課題を抱える家族会への加入を考えてはいかがでしょうか。

小学生の親です。何をどうすればいいかわかりません

当事者／小学6年生の女児、自閉症、重度の知的障害　相談者／両親

娘は話すことができず、行動障害の傾向があり、将来グループホームなどに入ったとしても、周囲とうまくやっていけるか不安でたまりません。成年後見制度という言葉も聞いたことはあるのですが、いまいちよくわからないというのが正直なところです。

わが子のため、今から何をどうすればいいのか、できることを準備したいと考えています。

アドバイス 地域の家族会に入会しましょう

いろいろとご心配なことは多いと思います。ただ、まだお子さんも小さいですし、これから社会環境や制度も間違いなく変わっていくので、今の仕組みのなかで考えても将来の「親なきあと」の頃には当てはまらない可能性もあります。

まずお勧めしたいのは、家族会への入会です。地域の情報を得ることができますし、同じ課題を抱える親同士の交流によって、不安な気持ちが和らぎ、前向きに考えるきっかけを作れるかもしれません。家族会も障害の性質や年代などによってさまざまなものがあるかと思いますので、インターネットや自治体の情報などで、ご自分に合ったところを見つけてください。

またまだ先の話ではありますが、ずっと親と一緒に生活できるわけではないと思います。早い段階から、グループホーム等のショートステイを利用して、1泊2日でもいいので、親と離れた生活を定期的に経験させてあげてください。お金に関する制度では、将来本人が定期的に年金を受け取れる仕組みとして、親御さんの年齢が若いほうが有利になる傾向がある、障害者扶養共済制度や生命保険信託を検討されてもいいかと思います。

高齢期の場合

「親なきあと」が目の前に迫ってきました

当事者／50代の男性、重度の知的障害
相談者／母親

息子はB型の作業所に通所していて、私名義のマンションに2人で暮らしています。父親は数年前に他界しており、私も80歳を過ぎて、いつ息子のめんどうをみられなくなってもおかしくない年齢です。どんなことを準備すればいいか教えてください。きょうだいは妹がいます

が、結婚して他県に暮らしているので、頼るのは難しいと思っています。

アドバイス 必要なのは住まいと後見制度、そして遺言です

まず考えたいのは息子さんの住まいについてです。入所施設やグループホームをお母さんだけで探すのは大変なので、計画相談事業者や通所施設などに、施設の空き情報が出たらもらえるように頼んでみてはいかがでしょう。役所のソーシャルワーカーにも依頼しておいてください。

成年後見制度のことも考えておきたいですね。まだお母さんが元気なのでもう少し待ってもいいかと思いますが、誰を後見人候補にするかなど、具体的な検討はしておきたいですね。妹さんを頼るのは申し訳ないとのことですが、このことについて話をしたことはないそうなので、一度妹さん自身の考えも聞いてみてください。また、実際に成年後見の申立てをするにあたっては、地域の社会福祉協議会等が運営する成年後見についての相談窓口を利用しましょう。

遺言もそろそろ準備したいです。特にお母さん名義のマンションについて、障害のある息子さんが相続すると、そのあとの処分が面倒になる可能性があります。例えばいったん妹さんに相続してもらい、その後の処分を頼んでおくなど、妹さんとも相談しておいてほしいと思います。

娘が高齢になったらどうなりますか

当事者／30代の女性、軽度の知的障害
相談者／母親

娘は2年前からグループホームに入居し、特例子会社に勤務しています。ひとりっ子です。障害年金も受給しており、生活面に関しては今のところ特に心配はありません。ただ、本人は病気がちで、健康の面で心配があります。入院することになった時、介護が必要になった時に、娘はどのように支援してもらえるのか。グループホームでは対応できない場合どうなるのか、お伺いしたいです。

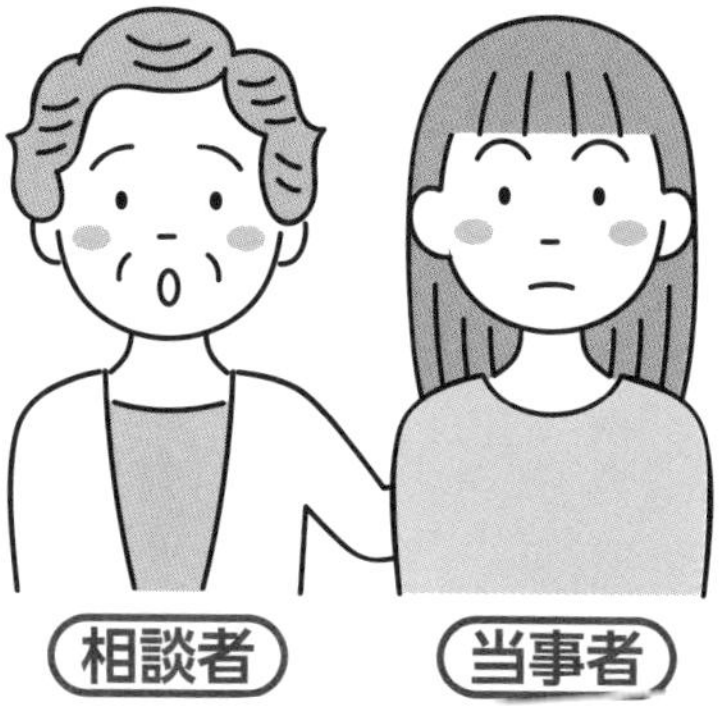

アドバイス　支援者の間で適切な対応をしてくれるはずです

グループホームに入居している障害者が、高齢になったり体調を崩したりしてホームでの生活が難しくなったり、親や親族などの介護者がいないという場合を考えてみましょう。その時点で本人を支援している、ホームの生活支援員、計画相談事業者、成年後見人などが関わって、高齢者施設や病院など次の居所を確保することになると思われます。このように、本人の医療・介護については、日常的な支援体制の中で、対応してくれるはずです。

ここからは私の理想ですが、障害者の将来を支えるためには、支援者同士の連携が必要になってきますので、本人に何らかの対応が必要になった時スムーズに動いてもらうために、定期的にケース会議が開かれていると安心ですね。現時点で後見人はついていませんので、キーパーソンになる可能性の高い、例えば計画相談事業者に、親なきあとも継続的に集まって話し合いの場を持つことをお願いしておくなどが考えられます。

いずれにしても地域に託していかなければいけないので、親がいなくなっても本人の生活を守ってもらうために、支援者のチームを作ることが何よりも大切です。

本人からの相談

手帳の更新を迷っています

当事者／30代後半の男性、双極性障害
相談者／本人

私は双極性障害に悩んでいます。現在はかなり落ち着いていていて、主治医からは部分寛解といわれています。定期的な通院は継続しています。現在は親と一緒に住んでいて無職ですが、そろそろ就職活動を始めようかと考えているところです。

相談内容としては、現在所持している2級の手帳を更新するかどうかについてです。次回の更新は半年後なのですが、診断書の費用も馬鹿にならないので、どうしようか迷っています。

アドバイス　ぜひ更新してください

確かに診断書の費用もかかってしまいますが、せっかく取った手帳なので、ぜひ更新してください。特に、これから就職活動をするのでしたら、障害者雇用の選択肢も生まれます。有利になることは多いと思います。

ご相談にはありませんでしたが、地域に精神障害者の当事者の会などあるようでしたら、加入を検討してはいかがでしょう。さまざまな情報も手に入りやすくなりますし、相談相手もできます。逆に、あなた自身の部分寛解に至るまでの話など、他の会員の参考になるかもしれません。ちょっと顔を出してみて、相性が良さそうかどうか確かめてみるだけでもいいと思いますよ。

高額の契約を結んでしまいました

当事者／35歳の男性、軽度の知的障害
相談者／本人

療育手帳のB2を持っています。特例子会社で働いていて、住んでいるのはグループホームです。両親は私が小学生のときに離婚していて、父親とはまったく会っていません。母親とは関係が良くなくて、グループホームに引っ越してから連絡はほとんどしていません。ひとりっ子なのできょうだいもいません。

先日、駅の近くの携帯ショップに入ってスマホを見ていたら、店員さんにいろいろと勧められて、スマホやタ

ブレットを契約してしまいました。そうしたら、グループホームに数十万円の請求書が来てしまいました。どうしようか悩んで、しばらくしてからグループホームの世話人さんに相談したところ、クーリングオフできないかショップに連絡してみたらということで電話してみたのですが、もうその期間は過ぎていて解約はできないと言われてしまいました。何かできることはないでしょうか。

アドバイス 消費生活センターに相談してください

成年後見制度は利用していない、クーリングオフの期間も過ぎているとなると、通常であれば支払うしかないかと思います。

ただ、もしかしたら、消費生活センターに相談すれば、解約できるかもしれません。センターでは、消費者トラブルの対応をしていて、障害者手帳を持っているのであれば、ショップと交渉してくれる可能性があります。

自分だけで悩みを抱え込まずに、グループホームの世話人さんに相談したのはとても良かったと思います。消費生活センターに問い合わせるのも、ひとりでは大変だと思うので、もう一度世話人さんに相談して、ぜひ電話してみてください。

※この方からは後日連絡をいただき、無事に解約できたとのことでした。請求された金額のうち、手数料などを除いて、ほとんどは支払わなくて済んだそうです。

お金がギリギリですが、ひとり暮らしを続けたいのです

当事者／45歳の男性、精神障害　相談者／本人

精神障害の当事者です。28歳の時に発症しました。現在は障害者枠で就労していて、障害基礎年金2級も受給しています。家族は母親が80代でひとり暮らし。私は最近グループホームを出て、母とは別のアパートでひとり暮らしですが、毎月の収支は家賃と医療費などで赤字になっていて、母親から借金をしています。

今よりも家賃の安い都営住宅に引っ越せそうなので、何とかひとり暮らしを続けたいと考えてい

ます。生活支援と経済的な支援が必要だと考えているのですが、どんな支援を受けられるでしょうか。

アドバイス 生活困窮者自立支援が有効です

生活支援では、日常生活自立支援事業（65ページ）が受けられると思います。地域の社会福祉協議会に相談してみてください。また、居宅介護のサービスで、料理や掃除などの家事支援も受けられるので、わからないことがあったら自立支援事業の支援員さんに相談してみてください。

経済的な面については、生活困窮者自立支援制度（88ページ）が有効だと思います。お金のことを含めて、生活する中でのいろいろな困りごとに対して、相談に乗っ

てくれると思います。

自治体によって運営事業者が異なりますので、お住まいの福祉事務所などに問い合わせてみてください。

きょうだいからの相談

母親に認知症の疑いが出てきました

当事者／50代の男性、中程度の知的障害
その母親、80代前半
相談者／男性の姉

障害のある弟についての相談です。弟は50代、80代前半の母親とふたり暮らしです。私は結婚して隣の県に住んでいます。本人は身辺自立はしていますが、金銭管理などはできません。平日は就労継続支援B型施設に毎日通っています。父親はすでに他界しており、住まいは賃

貸のアパートです。ふたりの年金が主な収入で、蓄えはあまりありませんが、日々の暮らしにはさほど困ることはありません。

日常的な金銭管理は母親がすべてしていましたが、最近実家のようすを見にいったときに、母親が同じことを何度も話したり、衣服が出しっぱなしになっていたりで、言動がやや怪しくなってきているのに気がつきました。話をしてみると、最近忘れ物や失くし物が多くて、一度は銀行の通帳まで失くしたと思い、大騒ぎになったこともあったとのことです。そのときは銀行に置き忘れただけだったので、連絡が来て事なきを得ましたが、今後は母に任せておくことはできないと危機感を持ちました。どんな対策をすればいいでしょうか。

アドバイス 社会福祉協議会で支援制度の利用について相談しましょう

まずはおふたりが住んでいる地域の社会福祉協議会に行き、日常生活自立支援事業を利用できないか相談してみてください。この事業であれば、社会福祉協議会と雇用関係にある生活支援員が、定期的に訪問して、金銭管理などをしてくれます。これによって、しばらくは支援を受けながら今の生活を続けて、お母さんの判断能力のさらなる衰えが見えてきた段階で、社協に報告があがり、成年後見制度の申立てが必要かどうかなど今後の対応策を検討してもらうことができます。

合わせて、その後の住まいのことも検討しておく必要があります。弟さんご本人は、通っているB型施設と同じ法人が運営している複数のグループホームのショートステイをよく利用していて、本人も気に入っているとのこと。すでに入居の申し込みはしてあり法人側も協力的だそうなので、状況を説明して早めの入居を依頼してみてはいかがでしょうか。さらに、計画相談事業者にも連絡して、もしもこの法人の施設になかなか空きが出ない場合はどうするかについても相談しておいてください。

妹の金銭管理をしていますが、他のきょうだいが通帳を渡せと要求してきます

当事者／54歳の女性、知的障害　相談者／姉

妹は現在グループホームに入居しています。私たちの両親はふたりとも亡くなりました。実家には兄がひとりで住んでいます。金銭管理は姉の私がしているのですが、兄がどうもお金に困っているようで、妹の金銭管理は自分がやるから通帳を渡せと言ってきます。成年後見制度の利用も考えたのですが、専門家に頼めば費用もかかりますし、私が後見人になっても兄からの要求は変わらない気がして、どうしたものか悩んでいます。

アドバイス 後見制度の利用を検討しましょう

確かに費用はかかるのですが、妹さんの権利を護るのと、きょうだい間のトラブルを避けるという二つの意味で、成年後見制度を利用して第三者に管理してもらうの

がベターだと考えます。

後見申立ての際に、お兄さんは同意書を書かないかもしれませんが、申立書に現状を書いておくことで、後見人に就任する方にも理解してもらえると思います。

具体的な申立てや書類の書き方については、お住まいの地域の成年後見センターに相談してくださ い。こういった親族間の金銭トラブル事例は多いので、適切なアドバイスを受けられると思います。

親がすべてやってしまい、本人はやる気がありません

当事者／60歳の男性、知的障害、ダウン症　相談者／弟

兄は知的障害はありますが、かなり軽度だと思います。母親が、本人ができることでもやらせよ

うとせず、先回りして世話を焼いてきたために、経験を積めばできたであろうことをやらずに来てしまい、実際よりも重い障害のように見える状態になってしまっています。

兄はずっと母とふたり暮らしだったのですが、母が高齢者施設に入所することになり、ひとり暮らしをすることになりました。兄本人は状況をわかっているはずなのですが、そのような育ち方をしてしまったためか、自ら動こうとせず、すべて私に連絡して頼ってきます。私にも家庭があって住まいも近いわけではないので、負担に感じます。今後のために、どのようにしていけば良いでしょうか。

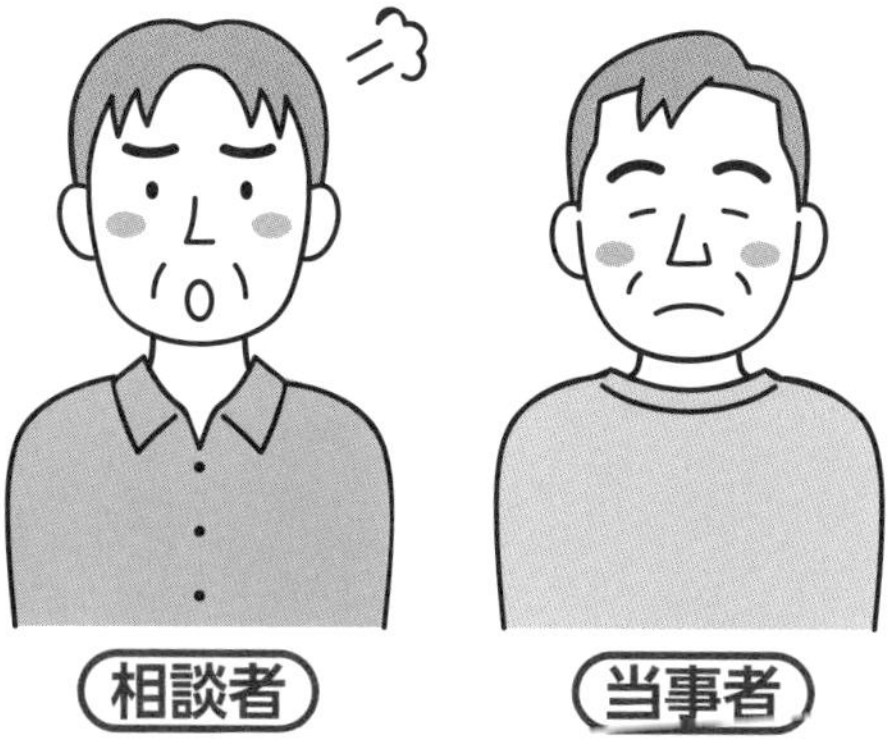

アドバイス 極力先回りしないようにしましょう

お兄さんは、いつまでも家族に頼るのではなく、地域の支援を受けられるようにしていかないと、ひとり暮らしは難しいと思います。まず、お兄さんがその必要性を理解しなくてはいけません。弟さんとしてはできる限り先回りしないよう、お兄さんが自分で考えられるようになるまで我慢することが必要だと思います。

そのうえで、お兄さんから、どうすれば暮らしていけるか、などの前向きな相談が来たら、日常生活自立支援事業の説明をして、地域の社会福祉協議会で契約するように促してください。

もちろん、本人の身に危険があってはいけないので、完全に放っておくわけにはいかないと思いますが、うまく距離を取りながら、本人の自覚を待ってみましょう。

遠方に住むきょうだいができることは？

当事者／45歳の女性、軽度の知的障害、発達障害
相談者／妹

姉は軽度の知的障害と発達障害があり、母親とふたりで九州に住んでいます。父親は数年前に他界しました。私は家族がいて東京におります。

母親が近々高齢者施設に入所する予定で、このままだと姉がひとり暮らしになってしまいます。住んでいるマンションは母所有のものなので、家賃の心配はないのですが、家事はあまりできないので、生活が立ちいかなくならないか、母と私で心配しているところです。

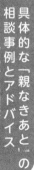

母は姉を入所施設に入れたいと希望しているのですが、本人はこのままマンションに住み続けたいと言っています。その思いは叶えてあげたいのですが、遠くにいる私としては直接めんどうをみてあげることはできないので、どうすればいいのか悩んでいます。

アドバイス 地域の支援者につないであげてください

お姉さん自身は今のところに住み続けることを希望しているとのことなので、どのようにすれば実現できるかを考えてみましょう。現在お姉さんは計画相談事業者と契約しているものの、福祉サービスの利用はないとのこと。ですが、ひとり暮らしになった場合、支えてくれるのは地域の支援者です。ホームヘルパーが自宅を訪問してさまざまな援助をしてくれる居宅介護は、必要になってくると思います。また、社会福祉協議会が運営する日常生活自立支援事業の利用も考えられます。

妹さんとしては継続的なかかわりは難しいと思いますが、一度計画相談事業者と連絡をとって、お姉さんのひとり暮らしを可能にするにはどのような方策があるか、利用可能なサービスを一緒に組み立ててみてください。

引きこもりの場合

引きこもりがちで、地域とのつながりがありません

当事者／33歳の男性、引きこもりがち
相談者／母親

息子は大学卒業後、一般企業に就職して3年ほど働いていたのですが、あるきっかけで出社できなくなり、その後はずっと家にいます。精神科には月に1度通っており、病院併設のデイケアにも顔を出すのですが、それ以外は近所のコンビニに行くくらいでほとんど外出はして

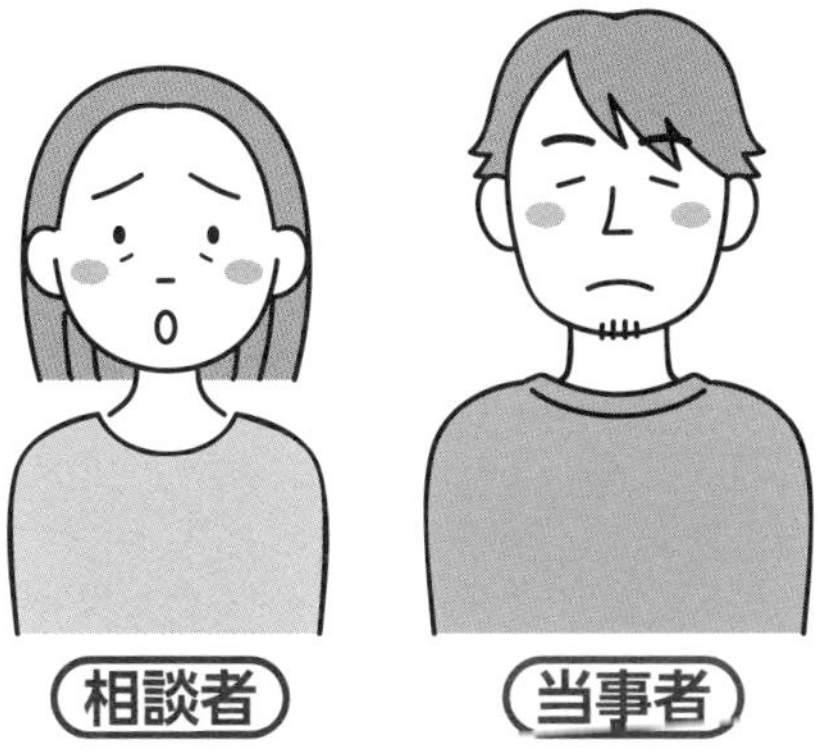

いません。

両親と三人暮らしで、きょうだいは遠方に住んでいる姉がひとり。身の回りのことはひと通りでき、持ち家なので親が亡くなってもこのまま家に住み続けることはできます。また、本人もそれを望んでいますが、税金や公共料金の支払い、ちょっとした困りごとへの対応など、まったく支援がない状況では難しいと思います。親も高齢になってきたので、そろそろ将来に向けた準備を考えたいです。

アドバイス 福祉サービス以外でも使える制度はいろいろあります

ひとり暮らしの支援としては、社会福祉協議会が運営している日常生活自立支援事業が考えられます。ただ、ご両親ともお元気で同居している現時点では、すぐには利用できません。将来ひとり暮らしになったとき、あるいはご両親のどちらかが亡くなり、残された親御さんにも支援が必要な状態になったところから利用することになると思います。一度詳しい話を地域の社協に聞きに行ってみてください。

経済的なことはあまり心配なさそうですが、相続で一時的に大きな財産を手にしてしまうと、適切な使い方ができずに短期間でなくなってしまうというリスクがあります。生命保険信託や信託銀行の遺言代用信託を利用して、本人に定期的にお金が給付される仕組みを検討してみてください。

お姉さんがいるとのことなので、ぜひ将来のことについて、話をする機会を持ってください。お姉さんのほうでも自分がどのように関わっていくべきなのか、そもそも弟がどんな状態なのか、心配されていることでしょう。まずは情報を共有したうえで、親がいなくなったあとはどうすべきかを、お姉さん自身にも考えてもらってください。合わせて、将来きょうだい間で揉めごとが起きないように、遺言は両親がそれぞれ書いておき、可能であればその内容についてもふたりのお子さんにお話しして納得してもらっておいてください。

今の時点でいちばん求められるのは、本人と地域とのつながりです。最近は引きこもりの支援について行政も力を入れていて、ボランティアの支援グループや家族会も増えてきています。お住まいの地域にどんな支援の仕組みがあるか、市役所などに問い合わせてみてください。本人に強引に働きかけることはもちろん避けなければなりませんが、地域の情報を手に入れておくことは重要です。いつか本人がその気になったら、「こういうところにちょっと顔を出してみたら」、とアドバイスしてあげたいですね。

社会的引きこもりで、両親とトラブっています

当事者／48歳の男性、高次脳機能障害
相談者／弟

兄は20年ほど前に交通事故に遭い、それが原因で高次脳機能障害と診断されました。その後しばらくは短時間のアルバイトなどで働いていたのですが、行かなくなることが増えてしまい、10年ほど前から無職。両親との三人暮らしですが、社会的引きこもりの状況です。

障害年金や精神の手帳は取得したのですが、親ともトラブっていてほとんど会話が成立しておらず、遠方に住んでいる私が何とか福祉につなごうとしている状況です。

ただし、本人は他人との関わりを拒否することが多く、うまくいってません。私や地域の相談機関の人の話は、ある程度聞いてくれます。

両親が高齢のため、成年後見制度の利用や、住まいのことを準備したいのですが、どのように進めたらよいでしょう。本人は今の家に住み続けたいと思っているようです。

アドバイス 今の家に住み続けられる方法を考えましょう

成年後見の利用は、本人が拒否する可能性が高いことを考えると、現実的ではないと思います。診断書を取ることも難しいでしょうし、「後見」であれば本人同意は不要ですが、「補助」は必要、「保佐」は代理権付与の申立てで同意が必要です（52ページ）。無理に進めてもうまくいかないと思います。

お兄さんは実家に住み続けたいとのことなので、そのための準備を優先的に考えてみましょう。判断力は調子の良いときは問題ないとのことなので、たとえば固定資産税の支払いや、水回り等で修繕が必要な場合に業者に連絡ができたりするようであれば、兄に家を相続させる旨の遺言をご両親に書いてもらう。また、生活するための継続的な支援として、日常生活自立支援事業をお兄さん自身に契約してもらう。こういった方法が考えられます。

ただし、突然この話をお兄さんに持ち出しても、拒否される可能性があります。ご両親のどちらかがお亡くなりになり、親なきあとが現実味を増したところで、こういった内容を、弟さんが相談機関の人と一緒に伝えられればいいのではないかと思います。

相続、信託について

遺産の分け方について悩んでいます

当事者／35歳の男性、精神障害
相談者／母親

長男は精神障害者保健福祉手帳の2級を所持しています。きょうだいはその下に次男と長女がいます。本人は日常的な生活に必要な買い物はできますが、必ずしも適切にお金を使えるわけではなく、今まで3回ほど、本人には不要と思われる高額な時計や衣類を購入したことが

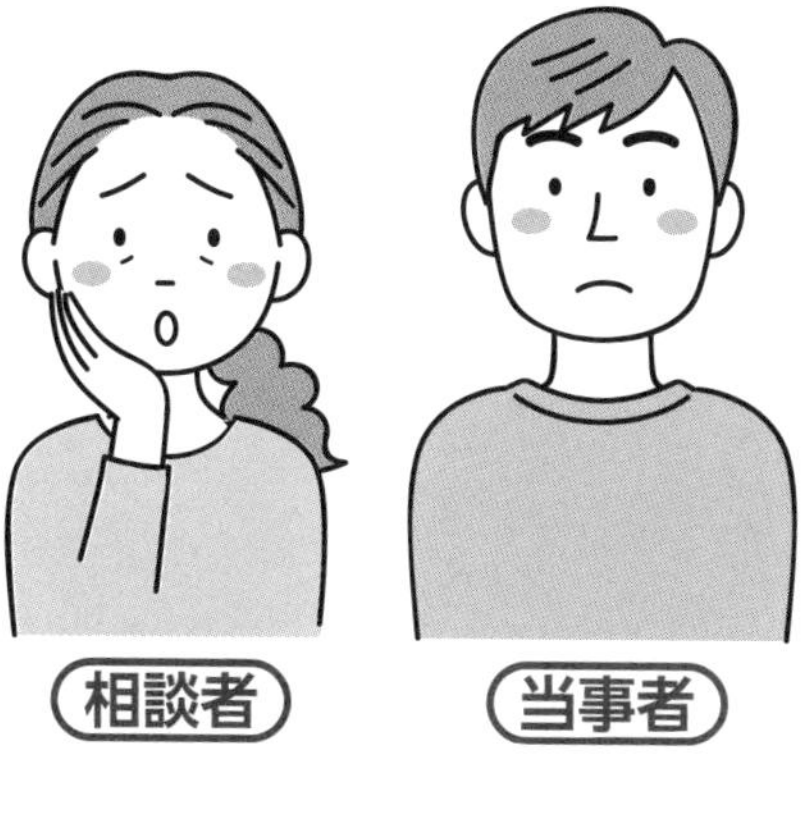

ありました。かといって成年後見制度を利用するほど理解力に乏しいわけでもないのです。近々遺言を書こうと思っていますが、長男にお金を残さないというわけにもいかず、本人及びきょうだいへの相続内容を決めるに当たり、どのようにしたら良いか悩んでいます。

アドバイス 信託の仕組みを利用して定期的な給付を

本人のお金であれば、外からは無駄遣いに見えたとしても、その商品を買うのは本人の権利なので止めることはできませんね。でも、そのことによって本人が将来生活に困るようであれば、そういった事態はある程度防いでおきたいところです。

生命保険信託か遺言代用信託を利用して、長男がお金を定期的に受け取れる仕組みを検討してください。不動産については、相続をするとその後の管理が必要になってくるので、他のきょうだいに振り分けることをお勧めします。きょうだい三人の遺産分割が偏らないよう、バランスを取ることも大切ですね。遺言の内容は、可能であれば相続人全員に伝えて、不信感を抱かれないようにしておきましょう。

親なきあとの家の処分の仕方は？

当事者／30代後半の男性、自閉スペクトラム症
相談者／両親

本人は精神障害者保健福祉手帳の2級を所持しており、障害者雇用で働いています。きょうだいはいません。

3年前からグループホームに入居しています。

私たち両親は現在持ち家にふたり暮らしですが、本人は近い将来グループホームを出てひとり暮らしをしたいと希望しているようで、我が家に住むつもりはないようです。こういった場合、家の処分はどうすればいいでしょうか。

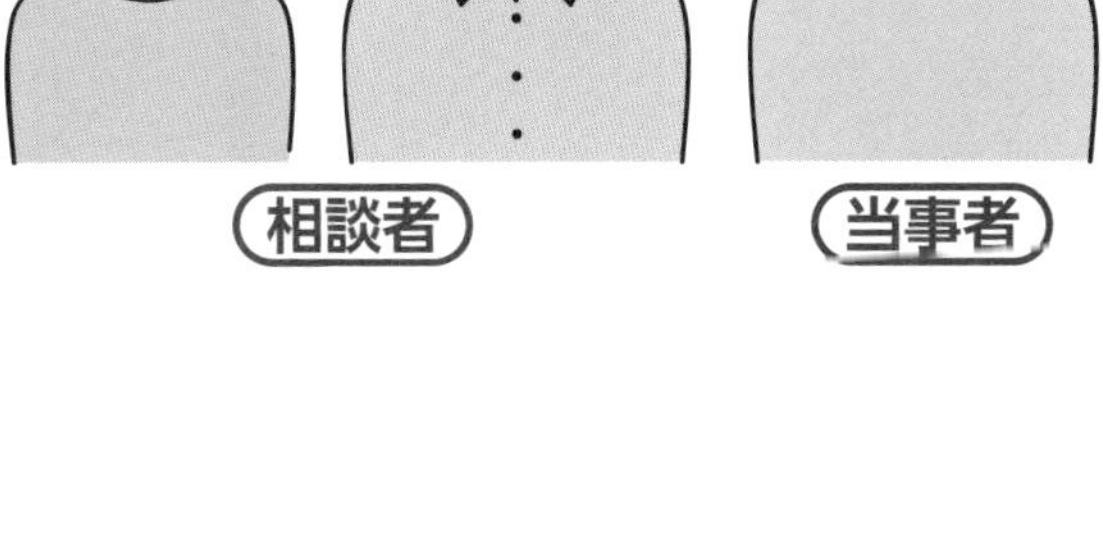

アドバイス リバースモーゲージなどの利用が考えられます

このままいけば息子さんが土地や家屋を相続することになりますが、ご本人は実家に戻るつもりがないのであれば、この不動産の処分を考える必要がありますね。息子さんご自身で売却の手続きなどができれば問題ないのですが、ご本人の精神状態がどのように変化するか不透明とのことなので、できれば親御さんの代で処分して、息子さんには現金等の流動資産で残してあげたいところです。

リバースモーゲージやリースバックといった仕組みの利用が考えられます。リバースモーゲージは自宅を担保に融資を受け、所有者が亡くなった後担保を売却した資金で融資の返済にあてる金融商品。リースバックは自宅を売却し、その後は賃貸契約となる不動産取引。どちらも、自宅にそのまま住み続けることができます。取り扱っている事業者に一度問い合わせてみてはいかがでしょうか。

また、金銭管理については、将来的にはやはり支援が必要かと思いますので、日常生活自立支援事業を検討していただきたいです。あくまで本人が契約する必要があるので、ひとり暮らしの準備の段階で、一度本人を交えて、運営している社会福祉協議会で詳しい話を聞かれることをお勧めします。

遺言書の注意点を教えてください

当事者／40代前半の男性、軽度の知的障害、発達障害　相談者／母親

本人は現在精神障害者保健福祉手帳の1級を持っています。知的障害は軽度なのですが、発達障害のせいか就職した職場でうまくいかず、二次障害を引き起こしてしまいました。現在は入院中ですが、近々退院して自宅に戻る予定です。きょうだいは妹と弟がいて、それぞれ独立しています。息子が帰ってきたら私たち両親と3人で住むことになります。

私たち夫婦も高齢になったので、遺言を書いておきたいと考えています。財産の分け方について

は何となく決めてあるのですが、具体的な進め方や、注意点などあれば教えてください。

アドバイス 遺言執行者を指定しましょう

長男の方は署名などはできるようですが、精神的に不安定な状況が続くようであれば、親御さんが亡くなったあとの手続きは負担が大きいと思われます。お父さん、お母さんのそれぞれが遺言で、遺言執行者を指定しておくことをお勧めします（47ページ）。これによって、長男に負担をかけずに、相続手続きを進めることができます。もし本人が署名できない状況であれば、成年後見人をつける必要が出てきますが、遺言執行者がいればそれを避けること

もできます。遺言執行者は、専門職などに頼むこともできますが、相続人の誰かでもかまいません。長女や次男、あるいはそのおふたりともを遺言執行者に指定しておくということも可能です。

遺言の形式ですが、代表的なものは自筆証書遺言と公正証書遺言です（45ページ）。自筆証書は誰かに依頼する必要はなく自分で書くので、比較的手軽にできますが、紛失などのリスクがあります。ただ、そういったことを防ぐために、法務局に預かってもらうことができます。公正証書は公証役場で作成するので費用はかかりますが、より確実に残すことができます。

もし遺言内容などでご心配な点があるようでしたら、お近くで相続手続きの業務を行っている司法書士や行政書士などの専門職に、一度ご相談に行かれてはいかがでしょうか。

特定贈与信託について悩んでいます

当事者／13歳の男児、中程度の知的障害
相談者／母親

中程度の知的障害のある13歳の息子がいます。ひとりっ子です。７歳のときに、彼の祖母から特定贈与信託（39ページ）を受けています。そのときは祖母の気持ちが大変うれしかったのですが、息子が成人したら、本人の判断能力等の状況によって成年後見人をつけるよう求められることがあるということを、最近になって耳にしました。信託協会に問い合わせをしたところ、取り扱っている銀行側の判断によるとのことで、確実なことはわか

らないようです。

信託銀行に後見人をつけるように言われたら、これは必ずつけなくてはいけないのでしょうか。もしそうであれば、専門職後見人がついてしまうと費用が発生してしまうので、とりあえず私が後見人になりたいと思っていますが、それは可能でしょうか。さらに、親がなったとしても後見監督人という人がついて、結局お金をずっと払い続けていくということも聞きました。

せっかく贈与してもらったのに、こういった形でお金が出ていってしまうのは釈然としません。どうすればよいのでしょうか。

アドバイス　費用的には支援信託の利用が有利になりそうです

おばあさまのせっかくのお気持ちですので、できるだけ本人のために使ってあげたいですよね。信託銀行から後見制度を利用するように言われた場合は、原則的には後見人はつけざるを得ないと思います。その場合、お母さんを後見人の候補者として申し立てれば、ほぼ確実に後見人にはなれます。データ的には9割近い確率で親族後見は認められています（55ページ）。認められない事由としては、本人の財産が多額で多岐にわたっている、他の家族との争いが予想されるということがありますが、どちらもあてはまらないので、かなりの確率で後見人になれると思われ、当然後見報酬はかかりません。

ただしその場合、息子さんの財産額によっては後見制度支援信託の利用、あるいは後見監督人の就任のいずれかを家庭裁判所から指示されます。後見制度支援信託は、日常的な支払いに十分な金銭を親族後見人が管理し、通常使用しない金銭を信託銀行等に信託する仕組みです。この手続きの際には専門職後見人が就任しますが、その後の金銭管理を親族後見人が引き継ぎますので、かかる費用は一時的なものになります。その具体的な費用の額は、信託財産額や後見人の業務内容によって異なります。

後見監督人を選択することもできますが、1か月1〜3万円の後見監督人報酬が継続的にかかります。後見制度支援信託の利用のほうが費用を抑えられる可能性が高いと思います。もし銀行から後見人の就任を要請されたら、費用面から判断すると、後見制度支援信託の利用が良さそうです。

成年後見制度について

後見制度はなるべく使いたくないのですが

当事者／30代の女性、知的障害　相談者／妹

姉はアンジェルマン症候群で、トイレ、入浴等、全面介助が必要です。現在は両親と同居しています。日中は生活介護の施設に通所しています。

この先ずっと両親と一緒にいられるわけではないので、姉の将来の住まいの手続きや、相続、お金の管理など、

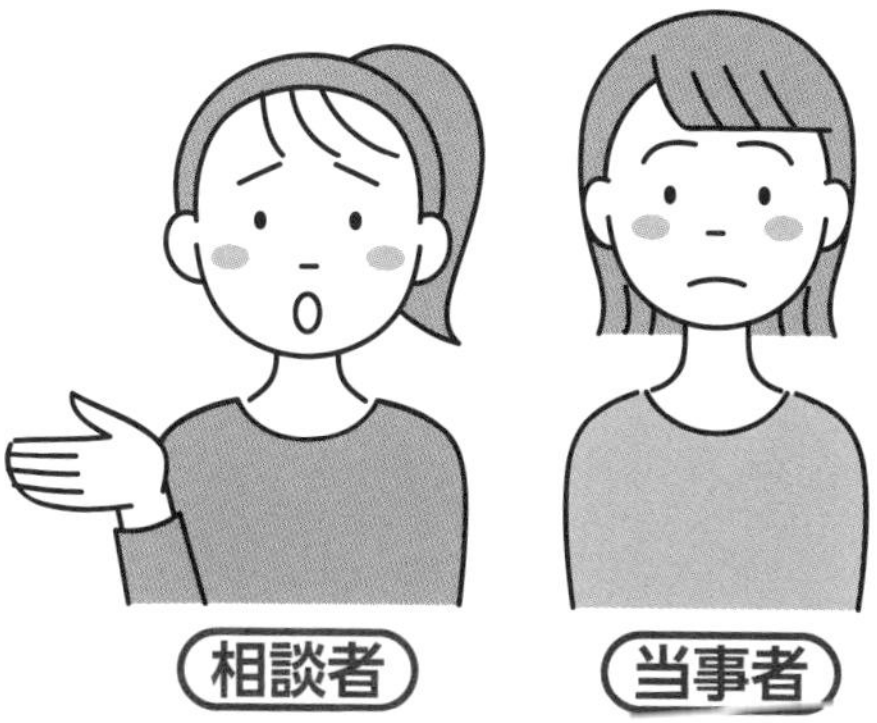

できるだけ私のほうでめんどうをみておきたいと考えています。

成年後見制度も調べたのですが、家族は後見人になれないことが多いと聞きました。知らない人にお金を管理されるのは納得できません。家族信託、遺言のことなどを調べてもよく理解できず、何から手を付ければいいのかわからない状態です。

アドバイス まずはご両親に遺言を書いてもらいましょう

なるべく後見制度は使いたくないとのことなので、ご両親それぞれに、遺言執行者を指定した遺言を書いてもらってください。これによって、お姉さんが署名などできなくても、相続の手続きは遺言執行者だけで進めることができます（47ページ）。遺言執行者は専門家や銀行に頼むこともできますが、相続人である身内がなってもかまいません。相談者である妹さんを指定してもらえば、費用も掛からずにすみます。

また、家族が後見人になることは可能です。妹さんを成年後見人の候補者として申立てすれば、特に大きな問題がない限りそのまま就任できると思いますので、どうしても後見制度が必要になった場合は手続きを進めていただいて大丈夫です。

ご本人を支えるにあたり、妹さんだけで抱え込むのではなくチーム支援で臨むのが重要です。通所施設や計画相談事業者などとは何らかの形で連絡が取れるようにしておいてください。

早めに後見制度を利用したいと思っています

当事者／25歳の女性、ダウン症　相談者／母親

娘は現在B型の作業所に通所しています。以前から成年後見制度について関心があり、さまざまな勉強会に参加したり、渡部さんの書籍も何冊か読んだりしています。

成年後見制度は一度始めたらやめられないこと、第三者が後見人になったら報酬が必要になることなど、デメリットは理解しているつもりですが、本人の権利を守るために、また専門の支援者に関わってもらうために、私としては早めに後見制度を利用したいと考えています。相談できる機関

や専門家はいろいろあるようですが、具体的な進め方について、どこでアドバイスを受けたらいいでしょうか。

アドバイス 地域の成年後見センターにご相談ください

成年後見制度については、障害者には向いていない面があると思いますが、ノーマライゼーションや自己決定権の尊重といった理念は素晴らしいものなので、納得したうえで必要とお考えになるのであれば、ぜひ利用してください。

ネットで検索すると、成年後見制度の相談を受けている専門家のサイトは数多く出てきますが、まずは公的な機関を利用されるのが安心かと思います。お住まいの地域には、社会福祉協議会などが運営している成年後見セ

ンター、あるいは権利擁護センターといった、成年後見について相談できる場所があると思います。後見制度についての疑問や、具体的な申立ての手続きなどについて、ぜひ聞いてみてください。

また、ご主人は後見制度の利用にはあまり積極的ではないとのことなので、ぜひ一緒にセンターを訪問して、ご主人も納得できるまで詳しく聞いてきてください。

親権を利用した任意後見制度について

当事者／高等部1年生の男子、知的障害
相談者／母親

息子は16歳。成人年齢が18歳となり、あと2年で親権がなくなります。「子どもが成人になったあとに成年後見制度を利用することになると、親や家族は後見人になれるとは限らず、家庭裁判所がまったく面識のない専門家を後見人に指名する可能性が高い。そこで、親権があるうちに親が任意後見契約を結んでおけば、勝手に後見人を就けられることはないし、将来は自分が任意後見人になれる」という話を聞きました。教えてくれたママ友に

よると、この制度を紹介してくれた人から、今のうちにやっておかないと大変なことになると言われたそうです。この任意後見契約は結んでおいた方がいいのでしょうか。

アドバイス なぜ必要なのかをしっかり考えましょう

この相談はよくお受けするのですが、私は基本的には親御さんにおまかせしています。任意後見制度は本人の意思を尊重する制度なので、たとえ親権があるにせよ、本人の意思を確認せずに契約する行為は制度の趣旨に反するのではないか、あるいは、本人の将来をすべて親が決めていいのか、といった問題点を、弁護士など多くの専門家は指摘しています。とはいえ、そういった問題点を理解されたうえでのご希望であれば、制度として認められている以上、あとは親御さんで判断されればいいと思っています。

ただ、なぜこの契約をするのか、その必要性はあるのか、一度考えてみてはいかがでしょう。法定後見だと親や家族が後見人になれない可能性が高いという話ですが、その情報は正しくありません。親族を後見人の候補者として申し立てれば、9割近い確率で後見人になれるというデータがあります。財産が多岐にわたる、あるいは家族のもめごとが予測されるといったことがなければ、もっと高い確率でそのまま後見人になれます（55ページ）。また、後見制度は一度始めたら原則やめられない仕組みですが、スポット的な利用が可能になるという方向に変更される見通しです。息子さんに後見制度が必要になる頃には、このように変更されている確率が高いと思います。

親権による任意後見契約は、成人前の今しかできない取り組みなので、こういった情報を知ったうえで、それでも将来の安心のために契約をしたいということであればそのご判断を尊重します。ただ、現在成人している障害のある人のほとんどはこの契約を結んではいませんが、特に「大変なこと」にはなっていないようですよ。

本人の楽しみのためにお金を使わせてあげたいのです

当事者／32歳の女性、重度の知的障害
相談者／両親

娘には重度の知的障害があり、お金の管理などは自分ではできないので、将来は成年後見人が必要になると思っています。ただ、後見人に関してはあまりいい話を聞かないので、とても不安を感じています。

娘はディズニーランドが大好きで、年に数回訪れています。最近は家族と行くだけではなく、支援者の方と行く経験も重ねていて、そういったお金は親が出しています。そのほかにも、食べたいもの、着たいものなど、不

自由なくさせてあげたいし、そのためのお金もある程度残せそうです。

しかし、後見人はお金を減らさないことを優先して、そういった楽しみのお金はムダ遣いだとして使わせないと聞いたことがあります。それでは何のためにお金を残してあげるのか、さらに言うと何のために本人は生きていることになるのか、大きな疑問があります。後見人は本人が楽しむためにお金を使うことは認めてくれないのでしょうか。

アドバイス 本人のお金の使い方をチームで共有しましょう

確かに、成年後見人によっては、お金を減らさないことを重視するという人もいます。しかし、後見人の本来の仕事は単にお金を管理することではなく、本人の権利を護り、本人が楽しく生活できるように支えることです。

その本来の目的をかなえるためには、後見人だけにお金の使い方をまかせるのではなく、日中活動や住まいの支援者、計画相談事業者など、本人を支えるチームで情報共有してもらうことが大切です。本人の情報を、地域の自治体や家族会が作成しているノートや、「親心の記録®」などにまとめて、こういうことを楽しみにしている、こういったことにお金を使ってほしいということを書いておき、それを後見人を含めたチームで共有してもらいましょう。お金を使う権限があるのは後見人だけですが、支援者が連携することで、後見人に対して「来月ここに遊びにいく」「春物のかわいい洋服を買う」などと伝えてお金を渡してもらうことができると思います。

書籍やネット上では、後見人はトンデモないという情報が飛び交っていますが、そういう話のほうが耳目を引くからで、ほとんどの後見人は本人のためにしっかり対応していると思われます。ちゃんとやっている後見人の話は特に面白くもないので、取り上げられないんですね。

チーム支援に後見人も加わることで、本人の親なきあとの生活は、よりしっかり支えられることになると思います。

住まいやひとり暮らしについて

将来のグループホーム利用に備えることは？

当事者／20代後半の男性、自閉スペクトラム症
相談者／両親

ひとりっ子の息子は、就労移行支援事業を経て、現在は特例子会社に勤務しています。私たち両親と3人暮らしです。

将来はグループホームの入居を考えているのですが、今のところ特に何も準備していません。今からやってお

かなければいけない点について、アドバイスいただければと思います。

アドバイス　さまざまな経験をさせてあげましょう

子どもが親と離れる生活を経験することは、実は親にとっても、離ればなれの生活を練習するということだと感じています。子どもの体験としてたいせつなのはもちろん、親のほうも、子どもがいない生活に慣れておくことが必要です。

そして、もう一つ考えていただきたいのは、ひとり暮らしの可能性です。親としてはグループホームに入ってくれたほうが支援もあるし安心、と思うかもしれません。でも、本人の希望はどうでしょうか。もしかしたら、集団生活ではなく、アパートなどにひとりで暮らすことを望んでいるかもしれません。今はまだ本人には想像もつかないかもしれませんが、もしかしたら支援を受けながらであればひとり暮らしは可能かもしれないし、本人もそのほうが楽しい、と思うかもしれませんよね。

本人に選択肢を与えてあげるためにも、さまざまな経験をさせてあげてほしいと思います。たとえば福祉サービスであれば宿泊型自立訓練のような場があります。サテライト型グループホームのように、支援を受けながらほぼひとり暮らしに近い状態を3年間の期間限定で利用するということもできます。もっと短期間であれば、たとえばウイークリーマンションで何週間か生活してみて、できること、できないことを見える化して、必要な支援を検討するということも考えられると思います。

さまざまな可能性を探してみてください。また、これらを家族だけで考えるのは負担が大きいので、計画相談事業者と相談しながら、より本人の希望に沿った住まい方を見つけてください。

本人の住まいをどのように準備すればいいでしょうか

当事者／35歳の男性、軽度の知的障害　相談者／母親

息子は両親との3人暮らし。特例子会社勤務で、自宅から通勤しています。姉がいますが結婚し

て他県に住んでいます。

息子の住まいをどうするか、ここ最近ずっと考えています。今住んでいる持ち家はひとり暮らしには広すぎるので、本人は別のところがいいと言っています。グループホームなども嫌がっていて、ではどんなところがいいかと本人に聞いても答えは返ってこないので、私（母親）がひとりで悩んでいる状態です。どんな住まいを用意してあげれば、本人が安心して暮らしていけるのでしょうか。

アドバイス　まずひとり暮らしの練習をしてみましょう

どんな住まいを用意するかの前に、ひとり暮らしの練習から始めてみてはいかがでしょうか。息子さんは、ひ

とり暮らしは楽しそうというイメージだけ膨らんでいるようですが、具体的に体験してみないとわからないことが多いと思います。

福祉サービスを利用するのであれば、宿泊型自立訓練施設で生活上のスキルを学ぶという手段もあります。これは原則2年間の利用なので、もっと短期間のものから始めるなら、自宅近くのウイークリーマンションで一定期間生活してみるという方法もあります。そういった経験を通して、本当にひとり暮らしをした場合、どんなことはできるか、難しいことは何か、どんな支援を受ければやっていけそうかなどを、本人と親とで確認し、次のステップに進むことが可能になります。

ひとり暮らしの支援の仕組みは、日常生活自立支援事業や自立生活援助、居宅介護などを組み合わせることになるかと思います（82ページ）。計画相談事業者も巻き込んで検討してみてください。

頑張ってひとり暮らしをしていますが、必要な支援を受けさせたいのです

当事者／30代後半の男性、軽度の知的障害
相談者／母親

息子はひとりっ子、障害者雇用で働いており、現在の勤務を始めて5年になります。私達両親（ともに60代）と同じ市内ですが、賃貸アパートでひとり暮らしです。福祉サービスなどは特に利用していません。職場にも慣れ、生活も安定していて、いまのところは大きな不安はもたずにすんでいます。

ただし、休日は実家にひんぱんに遊びに来たり、生活費が足りなくなったとか、部屋がちらかって物が見つか

らないなど、日常生活で困ったことがあるたびに連絡が来たりで、完全に自立している状態とは言えません。親としては子どもとしょっちゅう会えるのはうれしいけれど、自分たちがいなくなったあとのことも準備しておかなければ、と考えています。

アドバイス 地域で支援する仕組みに早めにつなぎましょう

ひとり暮らしをしているご本人を支える仕組みとして、社会福祉協議会（社協）が実施している日常生活自立支援事業があります。社協から派遣される生活支援員の方と、郵便物の確認を一緒にしたり、公共料金の支払いなどを援助してもらったりできるので、地域で生活するに際して心強いですし、通帳やカードを社協の貸金庫に預かってもらうサービスを利用することで、紛失などのリスクも防げると思います。

ただし、この契約はあくまで息子さんご自身が契約するものなので、本人がこれを利用することが自分にメリットがある、安心できると思ってくれないと、なかなか先に進めません。財産の管理を社協がすると聞いて、それまでは自分の思い通りにお金を使えていたのに、できなくなると本人が誤解してしまう可能性もあり、そこは丁寧に説明する必要があります。

親もいつまでも元気でいられるわけではないので、親以外に支援してくれる人を増やそう、と切り出し、息子さんの希望するお金の使いみちをあくまで優先しながら、必要な支援をしてもらえる、ということをご両親や社協の専門委員から説明してあげてください。

また、就労している方は福祉サービスを利用していないケースがよくあり、地域の支援者とのつながりが薄くなりがちです。公的機関が提供するもの以外に、地域のNPOや家族会などが実施している、本人の余暇活動支援プログラムなどのインフォーマルなサービスがあれば、勧めてみてはいかがでしょう。

福祉サービスについて

ショートステイに行きたがりません

当事者／25歳の男性、中程度の知的障害
相談者／母親

息子は中程度の知的障害で、現在B型の作業所に通っています。将来の親なきあとに向けてショートステイを経験させたいと思い、短期入所の事業所と契約したのですが、本人は気が進まないようでなかなか利用につながりません。どのように話せば行けるようになるのか、何

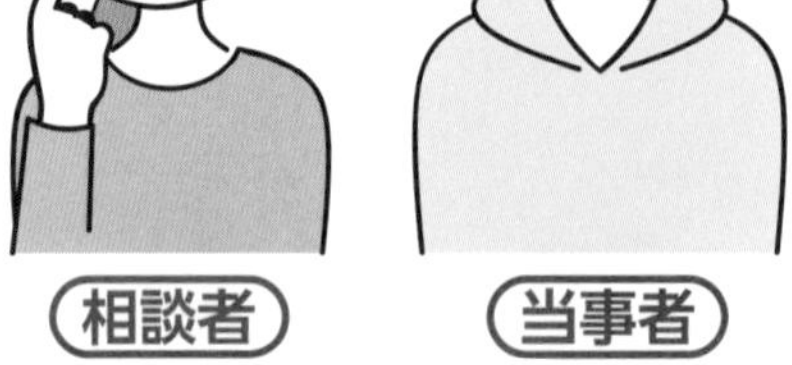

かいい事例があれば教えていただきたいです。

アドバイス 本人が信頼している方に話してもらいましょう

今まで経験したことのないことを始めるのは、誰だって不安ですよね。息子さんの気持ちはよくわかります。実際、こういった話はよく耳にします。

ある親御さんは、親が言ってもなかなか動こうとしないので、本人が慕っている通所施設の所長さんから勧めてもらったところ、行く気になってくれたという話をしてくれました。

また別な親御さんは、自分たちに何かあったときのためにどうしても経験させておきたかったので、自分が来月入院することになったからその時だけはショートステイを利用してほしい、と話して行かせたそうです。ふたりのお子さんとも、実際に経験してみるとそれなりに楽しそうだったとのことでした。

嘘をついてまでというのは罪悪感もあるでしょうし、積極的にお勧めはできませんが、本人のためを思っての優しい嘘なのだろうと考えて、こちらの例もご紹介しました。ご参考までに。

障害福祉の手厚い地域はどこですか

当事者／中学の特別支援学級2年生女子、知的障害
相談者／母親

娘は学校や放課後等デイサービスなどで、支援者の方に恵まれて楽しく生活しています。ただ、将来も安心して暮らすために、福祉が手厚い地域を選んで引っ越すことを考えています。制度は全国あまり変わらないと思いますが、日中活動の施設やグループホームの数などは自治体によって違いがあると聞いています。どのように調べたらわかるのでしょうか？

アドバイス すべてが恵まれている地域はないと思います

確かに地域によって違いはあると思います。施設の数もそうですし、たとえば移動支援のような地域生活支援事業は、地域の特性や利用者の状況によって自治体ごとに柔軟に運用できる仕組みなので、障害福祉制度の運用方法も異なる場合があります。

ただ、施設や制度がすべて恵まれている地域というのは、なかなか見つからないのではないかと考えています。日中活動の施設は充実していてもグループホームなど夜間の支援の施設は限られている、あるいは短期入所の事業所は多いけど移動支援は使いづらいなど、どこの地域も制度によって凸凹があるというのが現実ではないでしょうか。また、今が良くても将来もずっとそのままとは限りませんし、逆に、今が悪くても将来良くなるかもしれません。首長が変わると方針が変わることもあります。

本人が楽しく生活できているのなら、将来のことを心配するより、今現在の暮らしを大切にしてあげてはいかがでしょうか。

福祉サービスを使わず家でのんびり過ごしていますが、将来が不安です

当事者／37歳の男性、中程度の知的障害
相談者／母親

息子は療育手帳B1で中程度の知的障害。障害基礎年金2級をいただいてます。持病があり日中活動に通うのは厳しいため、普段は家で過ごしています。買い物など私のちょっとした外出にはついてくることが多いです。父親は数年前に他界して、私とふたり暮らし。この子の下にもうひとり息子がいて、他県で家庭を持っています。現在特に困っていることはないのですが、年金や手帳以外では福祉とほとんどつながっていないので、将来私が

いなくなった後のことを考えると不安です。今からできることはどういったことでしょうか。

アドバイス まずは計画相談事業者とつながりましょう

息子さんは持病があるため、親なきあとは支援を受けながらグループホームなどで生活していく必要があると思います。最初のステップとして、計画相談事業者と契約をして、ショートステイなどから始めてみてはいかがでしょうか。金銭管理については、将来的には成年後見制度の利用が考えられます。今はお母さんが管理をしているので不要ですが、健康に不安が出てきたら、地域の成年後見センターに相談に行くようにしてください。あとは、できれば地域の家族会にも加入して、お母さん自身が横のつながりを作ることも大切だと思います。お金のこと、住まいや暮らし方、本人の支援など、考えておきたいことはいろいろあります。一番大切なのは地域のつながりを作り、支援者を増やすことです。まずはこれらのことから始めてみてください。

経済的な不安

働くことができず、将来の経済面に不安があります

当事者／30歳の女性、統合失調症、広汎性発達障害
相談者／母親

娘は仕事をやめたあとは無職で、毎日出かけるような行き先もありません。現在は障害年金2級を受給しています。親が働けなくなったあと、本人のためのお金はどうすればいいのか。ある程度残せるお金はありますが、自分だけでは管理は難しく、計画性もないので心配です。

アドバイス　まずは本人の居場所作りを考えましょう

相続などで一度に本人がお金を受け取ってしまうと、誰かに騙されたり、自らお金を一気に使ってしまったりというリスクがあります。そこで、親が残したお金を定期的に受け取れる方法を検討しましょう。現在利用できるものとして、一部の保険会社が扱っている生命保険信託と、信託銀行などが扱っている遺言代用信託があります（38ページ）。お母さんもまだお元気なので、生命保険信託のほうが金銭的なメリットがあると思います。

また、お金の管理についても不安があるとのことなので、日常生活自立支援事業や成年後見制度の相談窓口である社会福祉協議会の成年後見センターを一度訪問して、詳しい話を聞いてみてください。

ただ、現時点で優先して考えたいのは、本人の居場所を作ることです。精神科には定期的に通っていても、福祉の事業所にはつながっていないので、社会との接点を作るために、地域活動支援センターや通所型の自立訓練（生活訓練）事業所などに、少しずつでも通えるようになってほしいと思います。もちろん、無理強いしてもいけないので、まずは親御さんが地域の機関を訪問して、本人にどのように働きかけていけばいいのかを相談していただきたいと思います。

重要なのは、本人や家族だけで悩まないようにすることです。そこで、同じ境遇の方が集まる家族会にはぜひ加入してください。地域の情報を得ることができますし、同じ悩みを持つ人たちと話すことは、不安を和らげることにもつながります。

親なきあとの住まいのことも考えなくてはいけませんが、あまり一気にいろいろなことをやろうとしてもうまくいかない恐れがあるので、それは今後の課題ということにしましょう。

父親が借金を抱えているので、相続放棄をさせたいのですが

当事者／40代後半の男性、重度の知的障害　相談者／母親

夫が末期がんなのですが、商売をやっていた関係で多額の借金を抱えています。相続人は私と障

害者である長男、健常者の次男の3人です。私と次男は相続放棄をするつもりなのですが、長男にも相続放棄をさせるためにはどうすればいいでしょうか。長男には判断能力はほとんどなく、署名もできません。成年後見人は費用もかかるので、なるべくつけたくないと考えています。

アドバイス 成年後見制度を利用しましょう

相続放棄は本人がその申立てをする必要があります。親族が代理で行うことはできません。そのため、本人の判断能力が不十分な場合は、成年後見人が就任して手続きを行うことになります。

確かに、専門職の後見人が就任すれば報酬は発生しま

すが、お母さんご自身か次男の方が後見人になれば、費用は発生しません。家族や親族を後見人の候補者として申立てれば、ほとんどの場合そのまま認められます。

ただし、後見人が相続人である家族の場合は、利益相反となる可能性があるので、相続放棄の順番に注意が必要です。まず、後見人に就任した家族がご自分の相続放棄をしたあとに、長男の方の相続放棄の手続きをするようにしましょう。このタイミングでは、すでに後見人である家族は相続人ではなくなっているので、利益相反の関係ではなくなります。

一つの選択肢として、長男の方には後見人をつけず、お母さんと次男は相続放棄をして、長男だけが借金を相続するという考え方もあります。長男の方には財産もなく、働くこともできないので、取り立てることはできず、実質的な相続放棄の状況になります。

ただ、判断能力の不十分な長男の方に借金を押し付ける形になり、心情的にどうかと思われるかもしれません。みなさんが納得のいく方法を選んでいただければと思います。

生活費が足りなくなるのが心配です

当事者／36歳の男性、重度の知的障害　相談者／両親

障害のある長男は現在入所施設で生活しています。今は親も支援できるので、衣類や日用品など必要に応じて買い足していますが、親が亡くなって支援できなくなり、生活費が足りなくなったら、施設を追い出されたりするのでしょうか。

アドバイス 施設から追い出されることはありません

基本的に入所施設の使用料は本人の障害年金の範囲で賄えるようになっています。また、親御さんが亡くなった後は金銭管理や契約行為等のために成年後見人が就任すると思われます。たとえば保険外の医療費がかかったりして、どうしてもお金が足りないという事態になったら、後見人が生活保護の申請などの必要な手続きを行ってくれることになります。

生活費が足りないからと施設を追い出されることはありませんので、ご安心ください。

漠然とした不安

成人になるにあたってやるべきことは

当事者／高等部2年生の男子、重度の知的障害
相談者／母親

息子はあと1年ちょっとで18歳成人です。20歳から18歳に成人年齢が引き下げられたことで、どうすればいいのかわからず焦りがあります。成人までに準備しなくてはいけないことは何でしょうか。

アドバイス

基本的には特にありませんが、銀行口座は作っておきましょう

成人年齢の引き下げで、障害のある子に何を準備すればいいのか、結論から言いますと、特に何もありません。

私（筆者）の娘は20歳で成人でしたが、その年齢になるからといって準備したのは障害基礎年金の申請のみです。年金の申請は現在でも20歳で変わっていませんので、焦らなくても大丈夫です。

強いて言うならば、まだ本人名義の口座がないようでしたら開設しておきましょう。障害年金の入金に必要となります。キャッシュカードもお忘れなく。

かわいくて手放せません

当事者／30歳の男性、軽度の知的障害　相談者／母親

息子といつまでも一緒に生活できないのはわかっていますが、離れて暮らすということについてなかなか決断できません。シングルマザーということもあり、この子がいなくなると寂しくなる、かわいくて手放せないというのが正直な思いです。

アドバイス
ちょっとずつ子離れしましょう

お気持ちはよくわかります、急ぐ必要はありません。ただ、お母さんご自身もわかってらっしゃる通り、どこかで親離れ、子離れをする必要があります。

移動支援やショートステイなどを積極的に利用して、本人と親が離れる生活を少しずつ経験してみましょう。本人の希望も聞きながら、計画相談事業者など支援者も交えて、将来の暮らし方について相談していきましょう。地域のグループホームの状況、ひとり暮らしの支援制度などを知り、利用できるものから少しずつトライしてみてください。

自分の身に何かあったときが心配です

当事者／40代の女性、重度の知的障害
相談者／母親

娘は重度の知的障害で、日中はB型の作業所に通所しています。きょうだいはいません。夫が数年前に他界し、現在は母ひとり子ひとりで暮らしています。

私はまだまだ元気なつもりですが、もうすぐ80になるので、いつ何があっても不思議ではありません。自分がもし認知症になったとき、そのことに気づいてもらえなかったら、娘はあまり言葉がないため、共倒れになってしまうのではないかと心配で仕方がありません。私に何かあったときに気付いてもらうためには、どうすればいいでしょうか。

アドバイス とにかくつながりを作っておきましょう

娘さんは作業所に通っているので、お母さんが認知症になって、作業所との連絡帳の内容がおかしかったり、何も書かれていなかったりすれば、作業所でも気づいてもらえる可能性は高いと思います。ただ、外部との接点がそれだけでは不安ですよね。

心がけていただきたいのは、お母さん自身がたくさんのつながりを作ることです。家族会や地域のボランティアなど、定期的に通う場所をぜひたくさん作ってください。もちろん近所付き合いも大切です。つながりがあればあるほど、何かあったときに早めに気づいてもらえます。

また、社会福祉協議会の日常生活自立支援事業を利用すると、生活支援員が定期的に訪問してくれるので、見守りの効果があります（65ページ）。ただしこの制度は、軽い認知症や知的障害などにより判断能力に不安がある人が契約できるものなので、お母さんが元気なあいだは使えません。

「親なきあと後見」というサービスを、あしたパートナーズという法人が提供しています。これは、まずお母さんが任意後見契約を結び、まだ契約の効力が生じていない、つまりお母さんの判断能力が問題ないあいだは、定期訪問または電話による見守りサービスを受けるというものです。そして見守りの期間中にお母さんに認知症などの症状が現れた場合は、任意後見の契約を発効させたうえで、娘さんを必要な支援につなげます。たとえば、成年後見が必要であれば申立ての権限がある行政などに働きかける、などです。母ひとり人子ひとりでつながりが少ないことが不安であれば、こういったサービスも検討に値するのではないでしょうか。

◎（一社）あしたパートナーズ　https://www.ashita-partners.com/

「親なきあと」のことを家族とも相談したいのですが

当事者／48歳の男性、中程度の知的障害　相談者／母親

息子は療育手帳を所持しています。等級はＢ１です。私たち両親と3人暮らしで、日中はＢ型の作業所に通所しています。妹がひとりいて、結婚して隣県に住んでいますが、子どもを連れてよく遊びに来ます。

　渡部さんの講演を聞いて著書も読みました。子どもの親なきあとの準備について、母親である私以外の家族はよくわかっていないので、将来のことを家族で話すことは大切だというアドバイスはとても腑に落ちました。ただ、話をしようと思っても、切り出し方がわかりません。何かいい方法はあるでしょうか？

アドバイス　遺言やライフスタイルカルテをきっかけにしましょう

　いきなり家族に向かって、「さあ、これから親なきあとの話をしよう」と言っても、唐突過ぎますし、家族も「何が始まるんだろう？」と不安になって、身構えてしまうかもしれません。ここは自然な形で話の流れを作りたい

ところですね。

一つの案として、遺言をきっかけに家族に思いを伝えるというやり方があります。まず親自身が遺言を書き、配偶者と子どもたちへどのように相続させるのかを決める。障害のある子には健常の子よりも多く残すという考え方もあるでしょうし、逆の場合もあるでしょう。

資産に不動産がある場合は、将来の管理をどうするかも考えなければいけません。それらのことを遺言として書いてみます。遺言を書くのはちょっと気が重いという方は、市販のエンディングノートを活用するという方法もあります。家族には、細かな金額のことまで話す必要はなく、大まかな考え方を伝えればいいでしょう。なぜこういった遺言を書くのかという理由を同時に説明することで、将来の「親なきあと」についての思いを伝えていくことができます。

また、子どものことを支援者に伝える「ライフスタイルカルテ」を記入して、それを家族に説明することで情報を共有することもできます。日本相続知財センターが無料配布している「親心の記録®」や地域の自治体、家族会などが作成しているものを、上手に活用してはいかがでしょうか。

お母さんだけが将来の不安を抱えるのではなく、父親やきょうだい、そしてもちろん本人も、それぞれが情報を共有することで、家族みんなで対策を考えることができます。ぜひそういった機会を作ってみてください。

おわりに

「親なきあと」相談室を全国に広げるために
～大分モデルと具体的な研修内容

■「親なきあと」相談室とは

私が主宰している「親なきあと」相談室では、メールや面談で障害のあるご本人やご家族からの悩みや不安を伝えていただき、相談にお応えしています。

本人や家族が将来について、だれかに相談をしたいと思っても、現状ではなかなか適当な窓口がありません。たとえば福祉サービスだったら市区町村の福祉課や計画相談事業者、成年後見制度であれば社会福祉協議会などで相談は受けつけてくれると思いますが、相談内容によって相手が変わってくるので、まずは何を相談するかを明確にしておかなければなりません。また、相続などお金に関することは、行政では相談を受けてくれないので民間の専門家を探すことになります。

さらに、具体的な質問ではなく、将来の「親なきあと」が不安だ、何から手をつければいいのかわからない、といった漠然とした悩みの場合では、どこに相談しに行けばいいかわからない、というのが現実だと思います。それだと、モヤモヤとした気持ちがどんどんふくらんできてしまい、不安に押しつぶされそう、ということになりかねません。

それはよろしくない、最初に相談できる場所があれば、不安が大きくなる前に課題が「見える化」できて、次に何をすればいいのかがわかるのではないかと考え、この「親なきあと」相談室を始めました。

とにかく漠然と不安だけれど何から手をつけていいかわからないという場合は、困っていることを言葉にして誰かに伝えていくことで、課題が少しずつ明確になり、次のステップに進めます。また、成年後見制度の利用について、相続に関して、グループホームについて、あるいは障害者のきょうだいにはどこまで頼っていいか……などなど、具体的な相談を受けることもあります。実はこのような場合、相談にみえる方が自分でもある程度の結論を出していることが多く、話すことで背中を押してもらい、考えていたことを実行に移せるという効果もあります。それ以外にも、お子さんの障害に対する身内の無理解のつらさを訴える方などもいらっしゃいますが、思いを吐き出したことで、ちょっとスッキリした、またがんばろうと思えた、と言っていただけたこともありました。

相談にみえた方が共通して言うのは、「困ったときや悩んだとき、相談できる場所があると思えると心強い」ということ。早い段階から不安を話すことで、親御さんそれぞれが、本当に切迫した状態になる前に、どんな準備が必要かを知り、その準備をする状況を作ることができるのです。

「親なきあと」相談室は、何かを解決する場ではなく、あくまで予防的な対応をする場所です。病気で言えば、重病になってから大病院に駆け込むのではなく、ちょっと体調が悪い段階でかかりつけのクリニックに行く、そんなイメージだと考えています。

■全国に広げたい「親なきあと」相談室

親が悩んでいるとき、将来を考えると不安でしかたがないときに、とりあえず駆け込める窓口が近くにあると心強い。全国各地域に相談窓口があれば、悩む親たちを支える拠り所になれる。そう考えて、私は講演会などでいろいろな場所を訪れた際に、「親なきあと」相談室を開いてください、とお願いしています。

「親なきあと」相談室が全国に広がって、障害者と家族のサポートをしてくれる団体がどの地域にもでき、親たちがいつでも相談できる状況になれば、悩みを自分たちだけで抱え込まず、不安なときには話を聞いてもらい、一歩前に踏み出せる……そんな環境ができてほしいと願っています。社会福祉法人、弁護士や司法書士、行政書士、ＦＰや、親の会などに、個人あるいは団体など組織の形態は問わず、取り組んでほしいと考えています。ユニークなところでは、複数のお寺が相談室を開設して、障害者家族に寄り添う支援に取り組んでいらっしゃいます。現在では相談室の数は１０0カ所以上にまで増えてきました。

■大分県社会福祉事業団の取り組み

大分県社会福祉事業団では、２０１7年1月から県内6カ所で「親なきあと相談室」を開設し、障害者の家族の相談に対応しています。

始まった時点での取り組みの内容は、事業団内の職員を対象とした、親なきあとに関する制度や仕組み、相談事例検討会などの研修で、研修修了者は親なきあと相談員として活動を始めました。

また、県内の行政や民間の専門職などと連携し、家族のニーズに合わせて必要な窓口につないでいるとのこと。県内のメディアなどでも取り上げられました。

そしてこの社会福祉事業団の取り組みは、行政をも動かすことになりました。2019年からは、親なきあと相談員を養成する研修事業に県が予算をつけることになりました。3年間の事業のあと、今度は市町村が独自で事業を展開できるよう、新しいステージで継続して予算化しています。

現在の取り組みは次のようになっています。地域ごとに「親なきあと相談員ネットワーク」を構築し、身近な地域で誰でも相談できる体制をつくるために、市や圏域単位で「親なきあと相談研修会」を開催、県から委託を受けた社会福祉事業団がサポートします。また、市町村が開催する「親なきあと相談会」に、事業団の相談員が出張し、助言等を行います。3年間の事業終了後は、市町村が独自で研修会やネットワーク会議等を開催できる体制を構築することを目指しています。

これが実現すると、最終的には、各市町村の社会福祉協議会等に「親なきあと」相談窓口があり、地域の専門職とも連携して、親や家族の相談にワンストップで対応できる体制になることが期待できます。

「親なきあと相談支援者養成研修」カリキュラム(一部抜粋)

研修内容	講　師
障害のある子の親なきあと ～親あるあいだの準備	「親なきあと」相談室主宰者
親なきあと問題について	大分県社会福祉事業団 事務局
高齢者福祉制度についての理解	大分県高齢者福祉課
親なきあとに関わる税について	税理士
日常生活自立支援事業の理解	大分県 あんしんサポートセンター
年金制度について	社会保険労務士
成年後見制度について	司法書士
相続・遺言について	司法書士
ライフプランにおける 親なきあとの収入と支出について	ファイナンシャルプランナー
親なきあと相談室事例発表	昨年度受講者・ 「親なきあと相談」支援者

■大分モデルをすべての都道府県に！

この取り組みをうかがい、やはりこういった相談室は、当事者の地域の状況や、社会資源をよく知るかたがたによって運営されるべきだ、という思いを強く抱きました。ちなみに、群馬県の社会福祉事業団でも、大分と同様の取り組みを始めています。

大分県のように、社会福祉事業団、あるいは社会福祉協議会のような、地域に根差した福祉のプロが事務局となり、相談員を養成しながら最初の相談先になる。さらに、障害福祉に理解のある司法書士や行政書士、弁護士、社会保険労務士、税理士などの専門職と連携して、お金に関する相談については具体的な対応をしてもらう。このような体制がすべての地域にできてくれれば、障害者の家族としては大変心強いと思います。もちろんそこからは専門職に対する費用が発生しますが、悩む家族であれば当然必要な対価だと理解してくれるはずです。

前述のように、現在でも私のネットワークで「親なきあと」相談室を開設している100カ所以上の窓口があります。こういった資源もぜひ有効に活用してほしいと思います。

もしかしたら、相談室を開設してもさほど相談件数は多くないかもしれません。しかし、大切なことはいつでも相談できる窓口が存在することだと思います。

全国の福祉行政に携わるみなさんには、大分モデルを参考にしていただき、「親なきあと」相談室の開設や、地域の専門家との連携による体制づくりに取り組まれるよう、ぜひお願いしたいと思います。大分県社会福祉事業団でも、視察やヒアリングのご要望はウエルカムとのことですし、もし私に何かできることがあるようでしたら、積極的にご協力したいと考えています。左記ホームページからお気軽にメールでご連絡ください。よろしくお願いいたします。

◎「親なきあと」相談室　https://www.oyanakiato.com/

さくいん

著者　渡部　伸（わたなべ　しん）
1961年生、福島県会津若松市出身
「親なきあと」相談室主宰　https://www.oyanakiato.com/
「親なきあと」相談室とは～障害のある子を持つ親や家族のために、自分たちがいなくなったあと、今ある法制度やサービスをうまく組み合わせることで、子どもが少しでも安心して暮らせるようアドバイス
行政書士、社会保険労務士、2級ファイナンシャルプランニング技能士
世田谷区区民成年後見人養成研修修了
世田谷区手をつなぐ親の会会長
主な著作　障害のある子の「親なきあと」～「親あるあいだ」の準備
障害のある子の住まいと暮らし
（ともに主婦の友社刊）
まんがと図解でわかる障害のある子の将来のお金と生活（自由国民社）
障害のある子が安心して暮らすために：支援者が知っておきたいお金・福祉・くらしのしくみと制度（合同出版）
監修　障害のある子が将来にわたって受けられるサービスのすべて（自由国民社）

Q&Aと事例でわかる
障害のある子・引きこもりの子の将来のお金と生活
2024年7月8日　初版第1刷発行
著　　者　渡部　伸
発 行 者　石井　悟
発 行 所　株式会社自由国民社
〒171-0033　東京都豊島区高田3丁目10番11号
電話　03-6233-0781（代表）
https://www.jiyu.co.jp/
印 刷 所　大日本印刷株式会社
製 本 所　新風製本株式会社
カバー　株式会社エディング
本文デザイン・DTP・イラスト　株式会社シーエーシー
編集担当　宮下　啓司